ELOGIO A *EL MAPA DEL DESEO*

«Cuando me senté con *El mapa del deseo*, noté que mis hombros se relajaban inmediatamente. A lo largo de las primeras páginas, asistía con la cabeza. Me sentía escuchada y validada. Ella lo hizo. Ella lo entiende. Y ahora todo el mundo también puede. DESEARÍA que esta mina de oro de visión y guía práctica hubiese estado a mi lado a lo largo de los años. Me siento bendecida de tener a Danielle en mi vida y no puedo esperar a ver las compuertas de felicidad, los *a-has* y los cambios de la vida cuando las personas pongan en práctica su mapa del deseo. Danielle es una maestra. Es en parte medicina, en parte encantadora de sueños, y una iniciadora de fuegos por completo. Si estás listo para despertarte y vivir en alineamiento con quien realmente eres, entonces abandona tu lista de cosas por hacer y sumérgete en *El mapa del deseo*.»

KRISS CARR
autora de *Crazy Sexy Kitchen* y *Crazy Sexy Diet*

«*El mapa del deseo* tiene tanta vida, verdad y pasión, que ¿qué puede ser mejor que reorientarte diariamente con lo que desea tu corazón?»

GENEEN ROTH
autora de *Woman, Food and God* y *Lost and Found*

«Con una elegancia orgánica *El mapa del deseo* empareja nuestro deseo-energía primaria con la inteligencia innata de nuestros sentimientos. ¿El resultado? Optimizar nuestro tiempo en la tierra. La «alegría de vivir» de LaPorte es contagiosa. ¡Prepárate para atraparla!»

MICHAEL BERNARD BECKWITH
autor de *Life Visioning*

«La primera vez que hice un mapa del deseo, llamé a Danielle para decirle: "¡Funciona!". Declarar mis sentimientos esenciales deseados mejoró mis relaciones y la manera en la que trabajo en el mundo. Y nadie es capaz de presentar la motivación poética como Danielle. *El mapa del deseo* es una línea directa a tu verdad.»

GABRIELLE BERNSTEIN
autora de *May Cause Miracles* y *Spirit Junkie*

«Danielle LaPorte es terriblemente lista, y, sin embargo, muy amable y práctica, que enciende el fuego que hay dentro de ti sin que te sientas consumido por las llamas. Tiene el conocimiento que necesitas para tener éxito. Acércate y escucha atentamente. Lo que tiene que decir es lo que nuestros espíritus necesitan oír.»

MARTHA BECK
autora de *Finding Your Own North Star* y *The Joy Diet*

«Danielle es una campeona empoderada con el yoga de la TÚ-dad. Es decir… tú, estremeciendo tu misión y rebosando con deseo. Y *El mapa del deseo* traza el mapa para conectar de nuevo tu deseo, y no tu estrés. Ha llevado a cabo algo extraordinario.»

SARA GOTTFRIED, MD
autora de *The Hormone Cure*

«Inspiración, innovación y autovaloración son algunos de los elementos con los que Danielle LaPorte te llenará. *El mapa del deseo* trata de cómo realizar tus sueños y metas de forma realista… garantizado: te sorprenderá.»

BELIEFNET.COM

«Como siempre, Danielle LaPorte ha roto el molde de la realización con *El mapa del deseo*. Esta experiencia te invitará, te retará, e incluso te seducirá a que descubras el centro de quién eres. *El mapa del deseo* no te da una receta del revés para que "vivas tus sueños" e "intentes conseguir metas nobles" como otros programas. En cambio, serás guiado a través de un proceso que te ayudará a diseñar tu vida y a poner decisiones que se basen en lo que realmente te hace feliz de manera garantizada. Olvídate de sistemas de gestión de tiempo, programas que fijan metas y ejercicios de visualización. *El mapa del deseo* es todo lo que necesitas para diseñar una vida que realmente funcione para ti.»

KATE NORTHRUP
autora de *Money: A Love Story*

«*El mapa del deseo* me tiene impresionada. Tu verdad está expuesta al desnudo, en bruto, revelada. Estoy boquiabierta de asombro.»

MEGGAN WATTERSON
autora de *Reveal: A Sacred Manual for Getting Spiritually Naked*

«Solo voy por la página 11 de *El mapa del deseo* y mi mente está AMPLIA-MENTE ABIERTA.»

GALA DALING
GalaDarling.com

«He vivido en sobremarcha. Durante años. Yo era un tenaz atrapa-metas y me forzaba duramente a alcanzarlos —sin importar cuáles fuesen—. Hasta que me topé con un muro y pensé: "Debe de haber otro modo". *El mapa del deseo* es ese "otro modo". Esto es lo que busca la gente: una nueva forma de planear sus vidas, un enfoque inverso.»

ERIC HANDLER
PositivelyPositive.com

«La mayoría de nosotros estamos tan ocupados en planear que olvidamos qué es lo que estamos planeando. Danielle LaPorte enciende un respeto para nuestros deseos de tal manera que les devuelve el significado a nuestras acciones diarias. *El mapa del deseo* te cambia la vida.»

NISHA MOODLEY
FierceFabulousFree.com

«Mi único error fue empezar a leer *El mapa del deseo* por la noche. No podía dejarlo, lavando locamente mi corazón de anhelo, escribiendo claramente los deseos que no he sentido/tenido durante años. Es simple y sin embargo, profundamente poético. Es grande y bonito y abundante y profundo. No lo digo a la ligera: lo cambia todo.»

SAMANTHA REYNOLDS
fundadora y presidente, Echo Memoirs

«*El mapa del deseo* es una gran variedad de desencadenantes de motivación, inspiración y transformación que te ayudan a empezar a vivir la vida de tus sueños como empresario, amante, o héroe. Bajo su preciosa cubierta, está repleto de vídeos, fantásticas *play-list* de música, contemplaciones, cuadernos de trabajo, y la famosa astucia mundana de Danielle.»

NAVJIT KANDOLA
TenderLogic.com

El mapa
del deseo

OTRAS OBRAS DE DANIELLE LAPORTE

The Fire Starter Sessions: A Soulful + Practical Guide to Creating Success on Your Own Terms

RECURSOS MAPA DEL DESEO

Hay un pequeño universo multimedia de materiales *El mapa del deseo* para ayudarte a hacer de esto una práctica en tu vida. Además del libro, hay disponibles numerosos programas de audio, así como un calendario, un diario, y versiones más pequeñas del libro impresas. También hay un grupo en Facebook, posters digitales, listas de reproducción de música, recursos para reuniones de grupo y un servicio de suscripción del mapa del deseo online. Ve a DanielleLaPorte.com para explorar todas las posibilidades.

¿Quieres montar tu propio grupo de mapa del deseo? Puedes participar en el mayor club de lectura del mundo. Ve a DanielleLaPorte.com/bookclub.

SIGUE A DANIELLE LAPORTE

DanielleLaPorte.com

FACEBOOK
daniellelaporte.com/facebook

TWITTER
#desiremap, @daniellelaporte

PINTEREST
pinterest.com/daniellelaporte

INSTAGRAM
instagram.com/daniellelaporte

El mapa del deseo

GUÍA PARA CREAR METAS CON ALMA

DANIELLE LAPORTE

MADRID - MÉXICO - BUENOS AIRES - SAN JUAN - SANTIAGO

2015

© 2014, *The Desire Map,* por Danielle Laporte, por Sounds True, Inc., Boulder, C080306
© 2015. De esta edición, Editorial EDAF, S. L. U. Jorge Juan, 68. 28009 Madrid, por acuerdo con Bookbank, Agencia Literaria. C/ San Martín de Porres, 14, 28035 Madrid
© 2015. De la traducción: Carlota Fossati Pineda

Diseño de cubierta: © Danielle LaPorte, Alex Miles Younger, Angie Wheeler, Viewers Like You
Diseño de interior: © Alex Miles Younger

Editorial Edaf, S.L.U.
Jorge Juan, 68
28009 Madrid, España
Tel. (34) 91 435 82 60
www.edaf.net
edaf@edaf.net

Ediciones Algaba, S. A. de C.V.
Calle 21, Poniente 3323, entre la 33 sur y la 35 sur - Colonia Belisario Domínguez
Puebla 72180 México
Tel.: 52 22 22 11 13 87
jaime.breton@edaf.com.mx

Edaf del Plata, S. A.
Chile, 2222
1227 Buenos Aires (Argentina)
edaf4@speedy.com.ar

Edaf Antillas/Forsa
Local 30, A-2 - Zona Portuaria Puerto Nuevo
San Juan PR00920
(787) 707-1792
carlos@forsapr.com

Edaf Chile, S. A.
Coyancura, 2270, oficina 914, Providencia
Santiago - Chile
comercialedafchile@edafchile.cl

Primera edición: Octubre de 2015

ISBN: 978-84-414-3576-6
Depósito legal: M-24475-2015

PRINTED IN SPAIN   IMPRESO EN ESPAÑA

COFÁS, S. A. - Móstoles (Madrid)

para ti

alguien sorprendido
perdido
encontró aquí
hambriento lleno de amor
despertándose abatido
estando presente
más de lo que estuviste ayer
ya sabía
verdaderas
cicatrices de sabiduría
creciendo siempre
más
luz
ahora
mismo

para ti

Tal como es tu deseo, así es tu voluntad.
Tal como es tu voluntad, así es tu acción.
Tal como es tu acción,
así es tu destino.

Las Upanishads

LIBRO UNO: LA TEORÍA

LIBRO DOS: EL LIBRO DE EJERCICIOS

Libro uno:
La teoría

LA PERSPECTIVA: VISIÓN GENERAL DEL PROGRAMA

Si comienzas a entender lo que eres sin intentar cambiarlo,
lo que eres se somete a una transformación.

— Jiddu Krishnamurti —

TODO EMPEZÓ EN NOCHEVIEJA, JUNTO AL FUEGO

Hace unos ocho años decidí celebrar una Nochevieja tranquila en casa. La escena: el bebé estaba durmiendo (¡Yujú!). Aperitivos baratos preferidos (patatas Ruffles y aliño ranchero, por favor). Escuchando Groove Armada. Chimenea encendida. El Año Nuevo recién empezado y mi corazón lleno de ambición. Había llegado el momento de desarrollar mi visión. ¡Metas! ¡Planes! ¡Montones de planes!

Saqué un trozo de cartulina y la dividí en unas cuantas secciones de la vida, como Hogar, Amor, Dinero, Trabajo. Mi ex marido y yo empezamos a escribir metas en cada área. Escribíamos uno, nos besábamos, comíamos algunas patatas, hablábamos sobre el siguiente objetivo. *Nueva mesa cocina. Pagar tarjeta. Clases natación Water Babies. Perder cuatro kilos y medio. Invertir en una gran obra de arte. Empezar a ir en bici al trabajo. Hawai por boda familiar. Empezar con el jardín. Anticipo. Acuerdo de publicación. Nuevas botas Frye. Encontrar una iglesia. Encontrar clase de yoga.*

> **Él:** A lo mejor deberíamos ir a Australia mientras siga siendo fácil viajar con el bebé.
>
> **Yo:** *(No tengo ningún interés en ir a Australia con un bebé. Así que cambio de tema.)* ¿Crees que Dick Clark va a aparecer en la caída de la bola esta noche, o Ryan Seacrest va a hacerlo todo?
>
> *(Pausa.)*
>
> Estoy harta de este sofá. Es demasiado grande para esta habitación. ¡Vamos a comprar un sofá nuevo!
>
> **Él:** Pero a mi me encanta este sofá.
>
> **Yo:** ¡Quiero el nuevo MacBook Pro! Con mega memoria jam.
>
> **Él:** Sí, te mereces un nuevo ordenador, cariño.
>
> **Yo:** ¿Verdad que sí?

No era exactamente un recordatorio visual, pero tampoco era una lista de cosas que hacer. Y, sin embargo, faltaba algo. Me sentía llena, pero vacía. Ansiosa, pero no... *vigorizada*. Saqué un boli de distinto color y empecé a garabatear palabras de sentimientos positivos en cada sección.

¡Libertad!
Abundancia.
Sexy.
Tierra. Naturaleza. Eco-amor.
Conectada.
Creativa.
Templada.
Amor verdadero.

Yo: ¿Cómo quieres sentirte en el trabajo?
Él: Valiente. Seguro de mí mismo. Aventurero.

Y las cosas cambiaron. El ejercicio se volvió del revés. Así que empezamos de nuevo.

En vez de hablar sobre metas externas, hablamos de cómo desearíamos sentirnos en varias partes de nuestras vidas.

El proceso era más cautivador. Y nuestra lista empezó a transformarse.

Hacer una cena una vez al mes.
Comprar una batidora KitchenAid - hacer pasta.
Diseñar una línea de tarjetas de agradecimiento.
Descargar los CDs de Tantra.
Viaje de dos semanas en canoa.
Autopublicarse.

Empezó a quedar más bonito visualmente. Psicológicamente, parecía tratarse de una invitación en vez de otra lista de cosas por hacer.

Jump-cut a unas cuantas Nocheviejas más tarde. Chimenea encendida. Ryan Seacresten en lugar de Dick Clark. «Lo de sentimientos y metas», como empezó a conocerse, evolucionaba en un proceso no oficial que estaba cambiando la forma en la que visionábamos el futuro.

Escribíamos un puñado de sentimientos positivos, y nos preguntaríamos, **«¿Entonces, qué podemos hacer para sentirnos de esta manera?».**

En aquella sencilla pregunta estaba la nueva manera de vivir la vida, que me llevó sutil y lentamente a hacer profundos cambios en la manera en la que hacía las cosas. Abandoné oficialmente los sistemas de establecimiento de metas, que eventualmente me llevó a dejar las listas de cosas por hacer, y que a su vez me llevó a dejar los sistemas de administración de tiempo que me estaban estresando.

Revelación naciente. Centrándose en sentimientos deseados = energía liberada. Iba tras la pista de algo.

Al final del año, cuando repasaba el «póster visual de cosas», como también se conocía en aquel entonces, no me sentía tan decepcionada conmigo misma al no haber tildado *París* o *Perder cuatro kilos y medio* como logros en la lista. Miraba las cosas de forma distinta. Podía ver que mis dos viajes a Nueva York ese año y las nuevas clases de yoga satisfacían mis tan ansiadas condiciones de ser. Me sentía generalmente de la forma que quería sentirme.

Esta manera de planear la vida era más fluida y amable, e irónicamente, también era más motivadora. Según iba viendo que las metas insatisfechas eran reemplazadas sincrónicamente por otros sucesos, a menudo mejores que los que me había imaginado, también podía ver dónde no estaba alineada con mis verdaderos deseos. Podía ver que no me sentía, digamos, libre, o tan creativa o conectada como quería sentirme en ciertas áreas de mi vida.

Hice el ejercicio el resto del año. Revisé mis planes en mayo por mi cumpleaños, y en septiembre, porque me encanta la energía del tipo «vamos a ponernos cómodos y manos a la obra» típica del invierno. Como bien dice Gretchen Rubin, autora de *Objetivo: Felicidad*, «Septiembre es el nuevo enero».

Profundicé en el ejercicio. Incluso empecé a meditar sobre las palabras en sí mismas. Busqué las definiciones y los orígenes de varias palabras y empecé a filtrarlas. Centrarme en cuatro sentimientos hacía que me sintiese manejable e inspirada. Y entonces, damas y caballeros, **creé… La nota adhesiva… que cambiaría todo.** Cuatro sentimientos. Pegados en mi Planificador del Día. Mencionado cada día. Guiando mis elecciones, mis objetivos.

Empecé a hablar del asunto de los Sentimientos Deseados, como llegó a conocerse, en el escenario durante mis charlas. «Así que, cuando tengáis claro cómo queréis sentiros realmente, vuestro proceso de planificar la vida puede volverse patas arriba», les explicaba. Y las chicas se me acercarían después y me preguntarían: «Entonces, ¿cómo hago lo de «Sentimientos Deseados»?». «Oh, Dios mío, tienes toda la razón sobre tus sentimientos y metas. Siempre me sentí de esa manera. ¿Hay alguna hoja de ejercicios que pueda llevarme?» Estábamos tras la pista de algo.

Le puse un nombre a la teoría: La Estrategia del Deseo. Escribí sobre ello en la sección 3 de mi libro *The Fire Starter Sessions*, y resultó ser el capítulo del libro más tratado significativamente. Los comentarios empezaron a fluir. La gente empezó a publicar fotos de sus sentimientos esenciales deseados en sus diarios y en los frigoríficos. Debates en Facebook. «Listas de Sentimientos» tweeteadas.

Mientras tanto, empecé a trabajar con el proceso más profundamente. Como una meditación; como un sistema; como una exploración de mi propia relación con el mismo deseo; como una plegaria… como un sermón multimedia en hacer más elecciones facultadas.

Entonces decidí hacer esto realmente auténtico en el mundo y publiqué el programa *El mapa del deseo* para mis lectores. Y entonces era realmente innegable: la gente anhela una forma nueva para hacer que las cosas pasen en sus vidas. Menos conducir y más inspiración. Un significado más profundo pero sin comprometer la prosperidad. Más amor y bastante menos juicio.

Y las historias… las historias me mataban de risa. Dimitir del trabajo o trabajar de manera muy distinta. Acercarse a su media naranja y acercarse a una mayor verdad personal. Si alguien me escribe sobre lo que empezaban o dejaban de hacer, o sobre el paradigma que descifraron por sí mismos, está claro, de forma gloriosa, que: cuando te inclinas hacia tus deseos, liberas tu poder… y tu alegría.

Bienvenido/a a *El mapa del deseo*.

LA PREMISA QUE GUÍA

Tenemos los procedimientos de los éxitos del revés. Normalmente elaboramos nuestras listas de cosas por hacer, nuestras listas de deseos, y nuestros planes estratégicos —todo lo que queremos tener, conseguir, lograr, y experimentar fuera de nosotros—. Todas esas aspiraciones son conducidas por un deseo innato de sentirnos de cierto modo.

Entonces ¿qué pasa si, primero, tenemos claro cómo queremos sentirnos en realidad en nuestro interior, y a continuación diseñásemos nuestra lista de cosas por hacer, fijar nuestras metas, y escribiésemos nuestras listas de deseos?

¿Cómo quieres sentirte cuando miras tu horario de la semana? ¿Cuando te vistes por la mañana? ¿Cuando entras por la puerta de tu estudio u oficina? ¿Cuando coges el teléfono? ¿Cuando cobras el cheque, recibes un premio, terminas tu obra maestra, efectuar la venta, o te enamoras?

¿Cómo quieres sentirte?

Saber cómo quieres sentirte realmente es la certeza más potente que puedes tener. Generar esos sentimientos es la cosa más poderosamente creativa que puedes hacer en tu vida.

De «Sesión 3: La Estrategia del Deseo», *The Fire Starter Sessions*

IDEAS. INTROSPECCIÓN. CLARIDAD. ACCIÓN

Estos son dos libros en uno. Una parte es la teoría: la raíz del deseo, el poder de los sentimientos, los peligros y la promesa de intenciones y metas. Y la otra parte es la metodología: un verdadero libro de ejercicios que te ayuda a aclarar **cómo quieres sentirte** en tu vida, y **qué quieres hacer, tener y experimentar** conforme a esos sentimientos.

Puedes llamarlo planteamiento de vida holístico. El interior se encuentra con el exterior. Lo espiritual conduce a lo material.

El propósito de *El mapa del deseo* es:

- En última instancia, ayudarte a que recuerdes tu luz, tu verdadera naturaleza, tu origen —la fuente de la vida que nos conecta a todos.
- Enseñarte el anhelo que siente tu corazón —**tus sentimientos esenciales deseados.**
- Guiarte usando **tus sentimientos esenciales deseados como un sistema de guía para que tomes decisiones** y para que estés más presente y vivo.
- Ayudarte a utilizar tus sentimientos esenciales deseados como medio de acceso al confort y claridad durante tiempos dolorosos.
- Enseñarte a utilizar tus sentimientos deseados como combustible creativo para lograr que grandes cosas pasen en tu vida que irradien en el mundo.
- Ayudarte a **acentuar los aspectos positivos de tu vida**, mientras sigues respetando, y no invalidando, las partes negativas que quieres cambiar.
- Ayudarte a que te des cuenta de que eres mucho mayor que tus sentimientos, y también, quizá paradójicamente, ayudarte a respetar tus **sentimientos como señales de tráfico que te llevan hasta el Alma.**

HAZ MÁS ELECCIONES

El mapa del deseo está diseñado para ayudarte a hacer elecciones facultadas.

Que quiere decir ambas **hacer *más* elecciones en tu vida** y **hacer más elecciones que sean más *facultadas*.**

Tienes una opinión en tu vida. Hay tanto que podemos seleccionar intencionalmente para crear nuestra realidad. Lo que ponemos en nuestros armarios y cajones, lo que entra en nuestros cuerpos, las personas con las que pasamos nuestro tiempo libre, los regalos que ofrecemos, como rendimos culto, los pensamientos en os que nos centramos. El desorden es una opción. La ira es una opción. El resentimiento es una opción. También lo son la amplitud, la flexibilidad, la risa, la compasión, la ternura y la resistencia.

Las elecciones capacitadas son «elecciones integrales» que tienen en cuenta tu mente, tu cuerpo y tu Alma. Estas decisiones incluyen nuestra ecología personal —el tiempo que tenemos, cómo nos sentimos al dar ese tiempo, donde se encuentran nuestras heridas y sensibilidades, dónde se encuentran nuestras fuerzas con las necesidades del mundo—. Cuando elegimos desde un mundo integral, somos conscientes de cómo nos acercan o alejan de nosotros mismos nuestras decisiones, del otro, y de la sociedad.

Si pones en práctica *El mapa del deseo:*

- cuando elabores tus metas anuales, cuando planifiques tu semana, hagas tu carrera, planifiques planes de vacaciones… *tendrás tus sentimientos esenciales deseados en mente;*
- cuando elijas a quién invitar, cómo reaccionar, qué dar, dónde ir, cómo moverte, cómo y a qué darás culto… *tendrás tus sentimientos esenciales deseados en mente;*
- cuando quieras que las cosas sean distintas, cuando estés sufriendo, cuando reacciones al tener una gran idea, cuando quieras hacer cosas… *tendrás tus sentimientos esenciales deseados en mente;*
- cuando estés escribiendo un e-mail, preguntando por lo que quieras, eligiendo regalos, comprando regalos… *tendrás tus sentimientos esenciales deseados en mente;*
- cuando vayas a dormir por la noche, y te despiertes por la mañana… *tendrás tus sentimientos esenciales deseados en mente.*

Y lo que tienes en mente es cómo creas tu realidad.

Esto de crear tu realidad tiene que ser práctico. Puedo darte teorías poéticas y un bombeo motivador, pero si no puedes utilizarlo diariamente para sentirte mejor, entonces hemos perdido nuestra marca. Yo, por mi parte, estoy muy orientada hacia los resultados —siendo el mayor resultado sentirme conectada a mi fuente de energía más a menudo de lo que me siento separada de ella—. Y esto requiere consciencia y apertura diarias —en la cocina, en los e-mails, conversando, en el supermercado.

PLANEAR TU DÍA SE CONVIERTE EN VIVIR TU VIDA

La mayoría de las herramientas que planean tu día se centran en realizaciones y resultados externos —en logros—. Lo cual es increíblemente valioso. Lo que mueve tu vida hacia adelante es querer tener resultados. Solo que la mayoría de los sistemas de configuración de metas fallan en sacarle partido al conductor más poderoso tras cualquier búsqueda: tus sentimientos más deseados.

No estás persiguiendo la meta en sí —persigues los sentimientos que esperas que te darán las metas cuando las alcances.

Puede que ni seas consciente de esto. Muchos de nosotros tenemos el piloto automático del éxito puesto. Entré en el vestíbulo de una empresa importante y el personal tenía las metas para los cinco años siguientes expuestas por todas partes. *Estar casado con dos hijos a los 34. ¡Vivir en el océano y me encantan las vistas! ¡Obtener mi MBA (Máster en Administración y Dirección de Empresas)! Terminar en la cima de mi grupo de edad en el maratón. Viajar por todo el mundo y ganarme la vida enseñando. En cinco años lanzaré mi propia línea de ropa.*

Genial. Tener esas cosas es estupendo. La mayoría de nosotros vivimos en un verdadero paraíso de privilegios —incluso si nuestros recursos son escasos, la inmensa mayoría tiene acceso a grandes oportunidades y alimentos sociales—. Ve tras lo que quieras —solo ten en cuenta de por qué vas tras ello—. Por que si vas a una escuela de Administración de Empresas solo para que tu padre te dé unas palmaditas en la espalda cuando te gradúes, y te sientas fuerte y respetable; o estés planeando comprarte una casa con suelos de madera noble porque crees que te dará una sensación de paz, puedes estar buscando el amor en todos los objetivos, bueno, equivocados.

Cuando tengas claro cómo quieres sentirte, quizá te encuentres yendo tras cosas diferentes, y puede que lo hagas de forma distinta.

Cuando tengas claro cómo quieres sentirte, tus metas externas pueden cambiar hacia un sitio más cómodo en tu psique y te sentirás probablemente mucho más integrado.

Cuando tengas claro cómo quieres sentirte, la búsqueda en sí se vuelve más satisfactoria. La calidad del viaje y del destino empiezan a unirse en tu corazón.

Este programa no se trata de:

- ✔ Planear la próxima década o toda tu vida. Los planes quinquenales son fundamentales para las empresas y la compañías. Aquí, empezamos con tu corazón, el cual dictará lo que quieres hacer en el mundo y, por consiguiente, también guiará tus planes quinquenales siempre y cuando necesites hacerlos. Pero miramos año por año. Personalmente, me gusta hacer un mapa del deseo dos veces al año.
- ✔ Una herramienta para la gestión de proyectos. Para ello necesitas una herramienta para gestionar proyectos.
- ✔ Una nueva gestión de tiempo o un sistema de calendario. Porque el mundo no necesita otra gestión del tiempo o sistema de calendario. Y porque ya existen algunos sistemas excelentes por ahí.

El mapa del deseo **es una ideología que se ajusta a cualquier calendario o sistema de metas que ames y que ya estés utilizando. Es el caballo que tira de la carreta.**

Hazlo tuyo, por favor.

Todo esto está abierto a tu interpretación; no hay una forma correcta o inco-rrecta de hacer esto. Empieza donde quieras. Di lo que tengas que decir.

Podrías:
Hacerlo todo de una vez en tu propio maratón del Alma.
Crear un retiro en casa: tres tardes de introspección y visión.
Tomarte todas las semanas que necesites.
Hacerlo una vez al año.
Volver a hacerlo cada domingo.
Formar un grupo.
Tomarte el día libre y hacerlo en tu cumpleaños.
Empezar cada año nuevo con un mapa del deseo.

Cuando tienes claro cómo quieres sentirte, la búsqueda en sí se volverá más satisfactoria.

La luz con la que guiarse

INTRODUCCIÓN: DESEO. LA FUERZA MÁS CREATIVA DEL UNIVERSO

Investiga la naturaleza del deseo, y hay luz ilimitada.

— Padmasambhava, Tibetan yogi —

LA ESENCIA DE TU DESEO ES UN SENTIMIENTO

Deseos que afirman la vida. Deseos latentes. Deseos secretos. Deseos abandonados, descuidados y evitados. Rescatados. Salvajes. Inextinguibles. Deseos que prenden fuego a tu Alma.

Nunca subestimes el poder de querer.

Lo quieres y lo quieres muchísimo. Aspirar. Esperar. Tramar. Recurrir. Alcanzar. Burbujeando bajo la superficie. Lo deseas y te desea.

Así que tramas un plan para obtenerlo. El objetivo. La lista de cosas por hacer. Metas trimestrales. Estrategia. Responsabilidad. Misión: Posible.

Y después rezarás, asumirás, ansiarás, y esperarás sentirte bien cuando consigas lo que quieres.

El deseo es el motor de la creación.

Es el ápice de nuestra consciencia en expansión. Nos infunde con el coraje que necesitamos para hacer los actos más nobles, para sacrificar y perseguir y arrebatarnos de la oscuridad para ir hacia la luz. Puede conducirnos a la locura, desesperación y a la duda incapacitante. El deseo dirige nuestras persecuciones de placeres de comida, sexo, alegría, expresión propia y conexión. A través de nuestro querer empezamos a conocernos más nosotros mismos, entre nosotros y conocer la vida.

El deseo está en la raíz de nuestro impulso divino para evolucionar.

El deseo nos guía a casa.

EL CORAZÓN PALPITANTE DE LA LIBERACIÓN

Pues una vez le envié un e-mail a un lama. Un lama budista tibetano. Llamémosle Lama M. Estaba eufórica tras un fin de semana de seminarios con él y otros hermanos budistas y aspirantes a budistas. Que conste que no soy ni uno ni el otro. Y para vuestra información, si no eres ni budista, ni un aspirante a budista, y os presentáis en una práctica intensiva budista, os sentiréis como un infiltrado en un retiro. Ve de todos modos, si se presenta la ocasión. Cuando canten en sánscrito, simplemente murmura con ellos. Volviendo al tema: todos esos mantras expandieron mi mente, veía figuras sagradas cada vez que cerraba los ojos, mi corazón estaba dolorido por el alivio y estaba lista para poner manos a la obra con más temas filosóficos.

El 4-7-2010, a las 10:00 de la mañana, Danielle LaPorte escribió:

Querido Lama M,

Tengo mucha curiosidad por la iluminación «del deseo». Los cristianos (mi familia de origen) sienten esa pasión que los guía. Es ese miserable anhelo por comulgar —lo que creo que se trata más bien de obtener la aprobación que en alcanzar un vínculo auténtico—. Hay algo bajo ese impulso… Una mezcla entre ser libre de sufrimiento y al mismo tiempo ser Uno. Hay algo sobre este enfoque de lucha que no está bien. O eso me parece a mí.

Para empezar, quiero (con todo mi ser) ser libre de ciertas cosas como, digamos, la soledad del guerrero y el perpetuo autojuicio que siento… Pero me pregunto si ese deseo intenso de ser «mejor» es la manera equivocada de hacer las cosas.

A lo mejor se trata simplemente de permitir que mi esencia, mi naturaleza búdica, se revele.

Hay un fuego dentro de mí, esta pasión, este hambre, este immmpulso… Todas ellas fuerzas útiles cuando hago que sucedan cosas (y hago que pasen muchas cosas, y de forma rápida). Esas parecen características de la devoción. ¿O se trata de mi relación por la devoción… a lo que deseo?

El toque final, mi verdadera pregunta: *¿Cuál es la «correcta» energía de la ilustración del deseo?*

¿Es esta una buena manera de empezar?
Le envío todo mi amor.
Respetuosamente y profundamente agradecida,
Danielle

P.D. sobre el negocio de Dharma: Um… ¿aceptáis pago con PayPal?
Por favor, dígame cómo puedo corresponder vuestra enseñanza huma-
namente. Dana, ¿verdad? ¿Donación al estilo vieja escuela?

Lama M me contestó enseguida. Y para que lo sepáis, se negó a recibir la
donación. Respondió algo así:

Hola Danielle,
¡Todas las preguntas son muy buenas! [Nota: esta afirmación in-
mediata de Lama M hizo que me sintiese como una «buena alum-
na». ¡Le gusto! Esto acarició mi ego. Esto era un buen comienzo.]

«Tu pregunta está en el corazón de la liberación; cómo querer, tener un objetivo o una meta, pero no estar en un estado de deseo o aferramiento. El simple consejo es: ¡No puedes! Hay deseo.»

Sin embargo, el arte es tener un «profundo» deseo al querer
liberación o libertad de algunos estados aflictivos, ya que este es el
«arroyo» o la «corriente» que mueve el ser en la dirección correcta…
El arte es preguntarte silenciosamente: ¿Estoy siendo agresiva? ¿Está limpio mi deseo de libertad o está manchado con
todo tipo de connotaciones emocionales? En mi deseo de ser
libre, ¿estoy hiriéndome o estoy hiriendo a los que me rodean?
¿Estoy haciendo algún viaje raro fuera de la vida, o viviéndola de
forma natural y limpia? En otras palabras, ¿cómo son de neuró-
ticas (heladas, perjudiciales, no funcionales) mis acciones, mi discurso (todas las formas de comunicación), y mis pensamientos
sobre la liberación y el despertar?

Releí su respuesta una docena de veces. Revisemos: Vamos a desear cosas de forma natural, incluso la iluminación. Sentir un profundo deseo de libertad es especialmente bueno: nos dirige en la dirección correcta, más cerca de nuestra verdadera naturaleza. Pero si somos un lío neurótico o un mofo agresivo con respecto a nuestros anhelos espirituales, más o menos todo fracasa. ¿Me sigues?

Entonces Lama M me confirmó de nuevo mi tarea previamente asignada: visualizar y recitar cien mil veces el Sutra del Corazón y de la Esencia de la Sabiduría y llamarle por la mañana. También adjuntó una oración de San Juan de la Cruz que le parecía que «hablaba hermosamente a la naturaleza del deseo». Estribillo:

Para venir a gustarlo todo,
no quieras tener gusto en nada.
Para venir a poseerlo todo,
no quieras posser algo en nada.
Para venir a serlo todo,
no quieras ser algo en nada.
Para venir a saberlo todo,
no quieras saber algo en nada.

— San Juan de la Cruz, *La noche oscura* —

Traducción: *Quiérelo con todo tu ser. Pero no te aferres a ello para conseguirlo.*

Complicado, muy complicado.

Así que, claramente, era hora de entablar una nueva relación con el mismo deseo: llegar a un lugar donde sigas teniendo poderosos deseos pero al mismo tiempo estar más entregados a ellos. Decidí que si quería cambiar *cómo* deseaba, entonces debía empezar a ver *qué* deseo. Y de paso debería seguir investigando **el porqué tras mis deseos**.

Lo que deseo:

Deseo escribir, estar locamente enamorada, apoyar a mi hijo para que sea quien es, mantener mi pelo fuerte y brillante, tener más tatuajes, recitar mantras, hablar bien en público, dormir en sábanas de lino, conducir sola durante horas por los espacios abiertos de Nuevo México, ser flexible y productiva, estar sola en fiestas, estar sola en casa, estar sola, ser querida-amada-respetada, tener la casa limpia como un templo, conducir un coche seguro, ganar millones de euros y regalar la mayoría, meditar, que te pillen fuertes tormentas, bailar mucho y a lo bestia, vestir con cashemir, hacer cosas que hagan que la gente quiera hacer cosas por sí misma, dormir hasta tarde, reciclar, ser Una, buscar la aprobación, asistir a bodas (y a funerales), encargar, adorar las pinturas de Rothko, llamar a mi abuela, liberar insectos, volver a la India, quedarme despierta hasta tarde, obtener la fuente de interlineado correcto, escuchar cuencos tibetanos repetidamente durante horas, ver tres documentales seguidos, dar todo lo que tengo en cualquier momento a cualquier persona, llevar perfume todos los días, afeitarme la cabeza, quemar todo lo que he escrito en mi vida, ofrecer visión, dar dinero, dar tiempo, encontrar mi Verdadera Naturaleza, y tocar el rostro de Dios…

¿Por qué deseo lo que deseo?

La respuesta es rápida, clara y simple: **para sentirme bien, naturalmente.**

MIRA AL DESEO A LOS OJOS

El deseo es un profesor: cuando nos sumergimos en él sin ninguna culpa,
vergüenza o apego, puede mostrarte algo especial sobre nuestras
propias mentes que nos permiten abrazar la vida al completo.

— Mark Epstein, *Abiertos al deseo* —

Algo extraordinario ocurre cuando empiezas a examinar tus deseos. Te
acercas a tu realidad actual: todo lo que puedes apreciar y todo lo que quieres
cambiar. Y también te acercas a tu potencial. Ves el lado oscuro de tu apego, todas esas cosas sobre las que insistes en conseguir —la necesidad e impulso de
exigir al mundo—. Y, misericordiosamente, puedes ver la pureza en tu anhelo:
todo lo que es natural, bueno y divino sobre lo que quieres sacar de tu vida.

El deseo es la base de tu deseo de vivir. Cuando dejas de desear, dejas
de evolucionar. Tu búsqueda de las cosas que quieres puede dejar de ser enfer-
miza e impulsada por la ansiedad y ser fiable y fluida. Pero incluso con una conciencia más liberada, el deseo sigue siendo la malla que subyace en nuestra existencia material y crecimiento espiritual.

Cuando cierro los ojos un momento y considero lo que más quiero, cuando
me inclino hacia mis ansias, imagino que estoy en una especie de huevo sagrado
en el que todo es posible, y que al mismo tiempo todo es sorprendentemente
frágil. Me doy cuenta de que existe un anhelo en todas partes: en mi cuerpo, en
mi mente, en mi espíritu; en mi corazón latente, en mi personalidad y en la exten-
sión de mi Alma.

Desear es tan bueno que duele. Es un dolor del que nunca escaparás, ni
querremos escapar si queremos sentirnos realmente vivos. Adormecer nuestros
anhelos naturales afecta a nuestros sentidos. Aunque parezca que lo que queremos que pase tarde en llegar, es mejor esperar con dolor que abandonar ese
deseo. Siéntelo.

Tu deseo es revelador. Ten una conversación sencilla con él. Te dirá que quieres X, porque hará que te sientas *completo*. O que quieres Y, porque te hará sentir
poderoso. O que quieres Z, porque te hará sentir *libre*.

DETRÁS DE CADA DESEO HAY UN SENTIMIENTO

Y TUS SENTIMIENTOS TE LLEVARÁN HASTA TU ALMA

Estamos aquí para hacer un análisis del deseo. Sigmund Freud lo llamaba *psicoterapia*. Solo quiero que sepas cómo quieres sentirte.

¿Apegado o confiado? ¿Te basas en el ego o te dejas llevar por el Alma? Puedes pasarte años psicoanalizando tu relación con el deseo y cómo vas a por lo que quieres. Soy fan de la psicoterapia. Pregúntaselo a mis psicólogos —a los siete que tuve a lo largo de los años—. Y creo que a todo el mundo le vendrían bien unos años de liberación terapéutica, chamánica y somática; de viajes astrales; de análisis de sueños; de regresión meditativa, energética, craneosacral; jugar con el estado de ánimo; y de profunda exploración del Alma. Sin embargo…

También soy pragmática —y a menudo con prisas—. Y quiero ser feliz —lo máximo posible, lo antes posible—. Y sé que no soy la única.

Así que hablemos en términos del Alma en sentido práctico. El día a día sagrado. Tener todo bien hecho, sin retrasos.

Vayamos directamente a lo que todos queremos: **sentirnos bien, naturalmente.**

¿CÓMO DESEAS SENTIRTE?, PREGUNTÉ. RESPONDISTE:

Inspirado. Seguro. Excitado (quiero decir, intelectualmente). :) / En ruta / VIVO / Quiero sentirme como un poema de Rumi. / Sacerdotisa tántrica de vida! / Así / Realizada / Vigorizado / Personificado y alimentado / Como si importase / ¡Vivo y rebosante de lo que quiero! / Encantado con la vida / Vigorizada / ¡¡¡Lleno de vida y de ENERGÍA!!! / encarnado al completo, mágico / En paz / Tu hermana en valor y pasión / Excitada / Vigorizado, encantado / Como un orgasmo / Tranquila y relajada / Atrevida. Conectada. Dotada con superpoderes con los que puedo lograr lo que sea. / Segura. Querida. Feliz. Todas las cosas que al fin conseguí. :) / Seguro / ¡Sin límites! / Aliviada / Intrépida / Eficaz, brillante, libre de cargas y listo / ¡Libre, Dotada, Expansiva, Abundante, Valiosa, Dinámica, Sexy, Fuerte, Lujosa, Imparable! / Interesado / Plenamente / Completamente expresado / Genuinamente brillante / Tranquila, inspirada, fluyendo, abundante / ¡Vibrante! ¡Excitado! ¡Poderoso! / energético. inspirado. temerario. Sencilla como una mañana de domingo / Pleno / Extasiado / En mi flujo. En paz. Irradiando amor. Abundante / Libre / Quiero sentirme generoso. / Auténtica. Genuina. En paz. / Como una luminosa bendición… / Despierto / ENCENDIDO / Jugoso / ¡¡¡ASOMBROSO!!! / Estática (creo que ahí debería poner signos de exclamación… ¡Estática!) / Llena de gozo ardiente que se expande / ¡Libre! / Dinámico / Embelesada. Creativa. Sólida. Hermosa. Agradecida. / Competente / Vivo con fuego y un propósito / energético / Feliz / Innovadora. Afectuosa. Generosa. / Vibrante… ¡gran mundo! / Contento. Ser capaz de saber —y decir— «Sí. Esto es lo que quiero.» / A gusto con cualquier cosa que esté sintiendo / En equilibrio entre estar arraigada y felizmente excitada y llena de energía. ¡Estar conectada a la tierra es mi desafío! / Radiante. Ligera. Determinante. / claro. fuerte. alegre. Siempre. / ¡Fluido! Magistral. Como si acabara de recordar algo que es MUY importante y que está TAN CLARO ahora y que me hace REÍR. ♥ / Dotado de poder / Conectado con el espíritu divino dentro de mi y de todos. ♥ / Feliz / Alegre / Viva / Relajación y apoyo del cuerpo total / Realizada. Fuerte. Clara. / Centrada. / Inspirado. Guiado. Con un objetivo. / ¡Consumado! / Libre / Viva. Vigorizada. Excitada. / Animado / Desvergonzadamente vulnerable en todo momento / Como si pudiera hacer cualquier cosa / Intrépida / Inspirado / Equilibrada, en paz, y con fluyente amor :) / Bendecida / Aliviada. Creo que es mi sentimiento preferido. / En paz / :) así :) / FELIZ / Entusiasmado y apasionado / ¡Como una estrella de rock! / ¡Estar eufórico en la cima del mundo! / Radiante / Libre de cargas y con ligera preocupación / Sano / Sin apegos / Como el conductor, y no el pasajero / Libre / Llena de posibilidades de estar viva, con vitalidad, amor y alegría / ¡Libre de sentirme abrumada! Feliz, alegre y libre, motivada y exitosa y financieramente contenta ♥ / Capaz. Poderosa. Útil. Amada. / En paz y llena de gozo de manera tranquila y sabia / Viva / Desafiada, y sin embargo en el flujo..., ardiente, y sin embargo en paz... con una guinda de dichosa felicidad en en cima :) / Libre y mágica / Expansivo / Realizado/ Mejor / Perfectamente centrado y en paz. Vi esta frase en *La liberación del alma*. ¡Incluso me lo podría tatuar! / Segura, en paz, con energía, realizada y creativa (puedo desear tener todos los buenos sentimientos que yo quiera, ¿verdad?) / Poderosa y sentirme una con el universo y su magia / Con energía / Quiero sentirme increíble, determinada y realizada / Asombrosa / Seguro / En paz, amada y un poco sexy / En paz / Que tengo todo el tiempo que necesite hasta el día que muera / ¡Presente en cada momento! / ligeramente centrada, tranquila y clara / ¡Quiero sentir el gozo de dar dinero! / ¡Excitada/motivada! / Exuberante / Apreciado, feliz, vivo / Completamente satisfecha / Ligero / ¡Abierta a lo próximo que venga! / ¡Oh, hice esta hoja de trabajo! Mi lista está en el espejo de mi baño: centrada, conectada, apreciada, anticipante, afluente. / A gusto / Fuerte... en todos los sentidos / Alineada con mi yo superior / Libre, capaz y sencilla / Tranquila y por encima de todo / Presente, sencilla de corazón y divina... / Intrépida / ¡¡¡REALMENTE hermosa!!! ♥ / en paz, satisfecho, amado / Auténtica. Con poder. Creativa. Nutrida. / Entusiasta, inspirada, excitada, llena de posibilidades, tranquila, serena, alegre, útil, provechosa, apreciada y afluente (tu palabra Danielle: tu definición que resonó en lo más profundo de mí) / Quiero sentirme «guiada», guiada por Dios, o como quieras llamarlo, poder superior, el universo. Tiene todo tipo de nombres interesantes estos días. No hay nada, ningún sentimiento en ninguna parte, en ningún momento que se compare con ese sentimiento. / Intensamente. Todo. / Feliz, querida y satisfecha / En ningún orden en particular: con energía, apreciada, apasionada, juguetona, esbelta, realizada, adorada, dichosamente feliz, ¡¡y sin deudas!! / Viva —muy profundamente y apasionadamente viva—. / Dichosa / Lo suficientemente segura como para arriesgarlo todo. / Segura (lo opuesto a miedosa) / Segura / todo cada minuto con inmensa alegría y admiración / En paz, con los pies en la tierra, y con poder / Saludable y satisfecha... Descansada / Contento / Amada / Simple / Como el pintor... y la pintura / Determinada; llena de propósitos y logros. Feliz, sensual / Como si estuviese jugando / Como me siento en este momento... ¡feliz y llena de vida! / ¡Quiero sentirme dinámica, presente, alegre y viva! / Ligera, Libre, Hermosa, llena de Alegría, Creativa, Feliz, Aceptada,

Energética, Saludable, Querida, Segura, Firme, Independiente, Joven ♥ / Prometida / ¡Quiero sentirme energizada! / Relajado / ¡Apreciada, segura, querida, energizada, satisfecha! / Valorada, validada, y con lo suficiente en mi interior — y no basada en si gusto o no… / Saludable, afluente, centrada, ¡¡¡JUBILOSA!!! / ¡Inspirada! / Libre de preocupaciones, energizada, poderosa y en paz / Excitada, libre, inspiradora, poderosa, afluente, clara, amor.

EL MAGNETISMO DE LOS SENTIMIENTOS

Siempre que empieces a guiarte por preocuparte por cómo te sientes,
empiezas a guiarte de nuevo hacia tu Arroyo de Fuente de Energía.
Ahí se encuentra tu claridad; ahí se encuentra tu alegría,
ahí se encuentra tu flexibilidad; ahí es donde se encuentra tu equilibrio;
ahí es de donde surgen tus buenas ideas.
Desde ahí es desde donde se accede a todo lo bueno.

— Abraham-Hicks —

TODO LO QUE HACEMOS ES CONDUCIDO POR EL DESEO DE SENTIRSE DE ALGUNA MANERA

Lo que compras, lo que comes, lo que dices, con quien decides salir, las cosas que haces, las personas a las que das amor, cómo vistes, la música que escuchas, lo que llevas a casa, lo que terminas, empiezas y con lo que sueñas… todo ello te lleva al deseo de sentirte bien.

Esto se aplica en todo tipo de circunstancias. Sobrevivir puede ser nuestra definición de sentirse bien, florecer puede ser nuestra definición de sentirnos bien. Algunos de nosotros nos sentimos lo suficientemente bien como para manejar nuestra salud mental. Y otros nos sentimos sincronizados con el pulso de la vida misma, y eso se convierte en nuestra propia versión de sentirnos bien.

Incluso a veces es bueno sentirse mal. Las emociones negativas nos pueden resultar tan familiares (sobre todo si imitan nuestro pasado) que son casi reconfortantes. La conciencia es darse cuenta de que nuestra vida siempre puede ser mejor. El crecimiento hace lo posible por mejorarlo. Cuando elegimos lo positivo en vez de lo negativo, liberación en vez de represión, verdad en vez de ilusión, nos convertimos en creadores de verdad.

Cuando queremos sentirnos valientes en vez de comprobar los logros de nuestra lista… Cuando queremos sentir en vez de querer agradar a otras personas… Cuando queremos sentirnos bien en vez de vernos bien… entonces nuestras prioridades están en orden. Prioridades divinas —las que te dirigen hacia a vida que tanto añoras.

LOS SENTIMIENTOS SON PODER

De manera cognitiva, no localizamos las emociones en nuestras cabezas, tendemos a localizarlas en nuestros corazones —nuestro cuarto chakra—. Amor, alegría, entusiasmo, confianza, ternura, conexión, e incluso nuestras supuestas emociones negativas, como la tristeza, la pena y la ira, parecen salir del centro de nuestro corazón.

Mi corazón explotó, mi corazón dio un vuelco, mi corazón se hundió. Se le hinchó el pecho con orgullo. Lo hizo sin reservas. Lo sentí en mi corazón.

Un sentimiento es mucho más fuerte que un pensamiento.

El corazón genera el mayor campo electromagnético del cuerpo…
El campo eléctrico es unas 60 veces mayor en amplitud que las ondas
del cerebro. Los componentes magnéticos del campo del corazón,
el cual es unas 100 veces más fuerte que las que produce el cerebro…
pueden medirse a unos cuantos metros del cuerpo.

— Rollin McCraty, doctor —

DEBEMOS HACER QUE NUESTROS SENTIMIENTOS SEAN EL *QUID* DE LA CUESTIÓN

No te lo tomes como algo personal. Controla tus sentimientos. No vayas con el corazón en la mano. No te impliques sentimentalmente. No seas tan sensible. No permitas que te controlen tus sentimientos. No importa cómo te sientas sobre ello, es así.

En medio de un divorcio de negociación desastrosa, un inversor me dijo que «no permitiese que mis sentimientos se interpusiesen». «Pues, ¿sabes, Dick? Si hubiese permitido que mis sentimientos "se interpusieran" unos meses atrás, habría dado mi opinión y no estaría metida en este lío». Palabra.

En cambio, ignoré mis sentimientos. Me conformaba casi siempre con sentimientos que eran muy inferiores a extraordinarios. En aquel momento de mi carrera, estaba totalmente desconectado de cómo quería sentirme realmente. Aún no tenía la brújula de mis sentimientos esenciales deseados, e iba a la deriva en una marea de emociones negativas predominantes que rodeaban mi negocio.

Los sentimientos no son hechos. Este es otro adagio que hace que menospreciemos nuestros sentimientos. Y, estoy de acuerdo —estoy de acuerdo un cincuenta por ciento—. (Sigue leyendo. Hablaremos de la diferencia entre tu verdadero ser y tus emociones unas páginas más adelante.)

Supuesto hecho: *Fue grosero.* Supuesto hecho: *Es hermosa.* Ninguno de ellos es un «hecho» irrefutable de algo que pasó o que es verdad. Lo que es de mala educación en un país puede ser principesco en otro, o a lo mejor un tipo maleducado pensó que estaba siendo educado y lo malinterpretaste. Y la belleza, como todos sabemos, es ampliamente subjetiva.

Sin embargo, ¡tu *experiencia* es verdadera para ti!

Supuesto hecho: *Estoy enfadada porque fue grosero.* Supuesto hecho: *Estoy excitado porque es hermosa.* Es verdad que te sientes de la manera que quieres sentirte. ¿Quién puede discutir con el hecho de que estás realmente cabreado o excitado? De este modo tus sentimientos son hechos para ti. Realmente los sientes. No importa si «tienes razón», ni siquiera importa si estás siendo excesivamente sensible o narcisista.

Los sentimientos no son ni los hechos de lo que realmente ocurrió ni de una realidad compartida. Son los indicadores de tu realidad personal. Los hechos materiales pueden ser discutibles, pero el hecho de que te sientes de cierta manera no lo es. Y ese hecho es muy, muy importante.

Los sentimientos son cómo percibes la vida. Esa percepción informa de cómo vives.

Que nos disociemos a menudo de las emociones positivas con la búsqueda del éxito es un crimen contra el espíritu humano.

Nos decimos que *habrá valido la pena cuando llegue ahí,* y forjamos y maniobramos y soportamos nuestro camino hacia los postes de la meta. Tomamos el control, nos aguantamos y nos callamos —todo en nombre de construir una vida mejor para nosotros—. Fingimos para poder *ser alguien.*

Nuestra productividad —y nuestra sociedad obsesionada con los resultados— patologiza los sentimientos.

Las culturas empresariales y académicas son especialmente expertas en desacreditar la inteligencia de los sentimientos, o inteligencia emocional. Al fin y al cabo, seguir tu corazón es a menudo ilógico y aparentemente contraproducente. Pocos accionistas preguntan: *¿Cuál es la manera más alegre de hacer negocios?* Son escasos los programas de dietas y regímenes de ejercicios que valoran la felicidad o la libertad en vez de métricas para bajar de peso. Daría lo que fuera para que un asesor en inversión me dijese: *¿Qué hace que te sientas lo más conectada y excitada en términos de dónde pones tu dinero?*

La disciplina puede hacer que te sientas tremendamente liberada. El pensamiento táctico, astuto, puede hacerte sentir increíblemente creativo y estimulante.

No estoy diciendo que los sentimientos positivos no puedan existir en la búsqueda de objetivos materiales o en entornos convencionales. Estoy diciendo que, con demasiada frecuencia, con frecuencia epidémica, vamos a por la victoria externa a costa de nuestro bienestar interno. Y eso se debe **a que no valoramos la sintonización interior tanto como valoramos la sintonización externa.**

TODOS CONOCEMOS A ESA PERSONA

Di una charla en un evento de la universidad y le pregunté a la estudiante organizadora a qué iba a la universidad. «Oh, economía», respondió. «Entonces, ¿trabajar con números realmente te ilumina?» Le pregunté. No entendió la respuesta. «¿Qué quieres decir?» Me respondió. «Quiero decir, ¿te emociona la economía? ¿Te gusta ese mundo?» Viendo su expresión vacía, me daba miedo lo que iba a decir. Y efectivamente: «Oh, Dios mío, no. Lo odio, y bastante. Pero se gana mucho dinero siendo contable. Y mi padre quiere que estudie esto. Y me está pagando la matrícula». Y se encogió de hombros, como si tuviese perfecto sentido. Vi dos cosas en su futuro: un Mercedes. Y Prozac.

Esto puede sonar idealista, romántico e ingenuo. Puede sonar irracional y absurdo ante lo difícil, lo agotador y lo total y absoluto miserable que puede ser vivir en este planeta. Pero…

El propósito de la vida es la felicidad.

— El Dalai Lama —

ELEGIR LA PLENITUD CAMBIA EL RUMBO DE LA HISTORIA

Cuando hacemos el sentirnos bien una prioridad, todo cambia: nuestras vidas individuales cambian, y nuestros sistemas sociales cambian. El cómo ganamos y gastamos dinero cambia. Cómo enseñamos y aprendemos cambia. Cómo amamos cambia. Piensa en todos los luchadores por la libertad y activistas que decidieron que amar abiertamente y respetar a los que ellos quisiesen los hacía sentirse bien. Esa sensación de liberación era para ellos más importante que la aceptación social, y que valía la pena arriesgarse por la igualdad de derechos. Negro, blanco, homosexual, heterosexual —cualesquiera que fuesen, sin importar la categoría en la que encajasen, su deseo de ser libres y realizados revolucionaron la sociedad.

Dirigirse hacia tus sentimientos esenciales deseados revolucionará tu vida.

Hay sentimientos, y luego están los sentimientos *esenciales deseados*.

A medida que utilizas más y más tus sentimientos como un sistema de guía, te preguntarás sobre los sentimientos volubles, los sentimientos fluidos que cambiarán ante ti mientras trates de construir la vida que quieres. ¿Cómo sabes entonces que los sentimientos en los que estás basando tus sentimientos esenciales deseados son los que son sólidos y fiables y no los que cambian y los que son fugaces? Se lo pregunté a mi sabia amiga entrenadora, Lianne Raymond, que es una profesora de psicología. Me contestó hermosamente diciéndome:

«La gama de sentimientos que podemos experimentar a lo largo del día son sentimientos reactivos —lo que significa que se originan en nuestras reacciones ante las circunstancias—. Las distintas circunstancias despiertan distintos sentimientos (estar en medio de un atasco frente a un aumento de sueldo en el trabajo). Cambian fácil y frecuentemente».

Los sentimientos esenciales deseados son sentimientos generativos. Se originan en lo más profundo de nuestro ser y se dan a conocer cuando nos tomamos el tiempo de escucharlos. No cambian con las circunstancias. La analista jungiana Marion Woodman los llama «el grito del alma». Son generativos porque son el sitio de donde nuestra vida se convierte en una creación, como una bellota convirtiéndose en roble. Anclados a nuestros sentimientos esenciales deseados, actuamos a partir de energía creativa (en vez de reactiva).

Mientras que los sentimientos esenciales deseados no cambian fundamentalmente, podemos ser más conscientes de sus matices y refinamientos a medida que nos volvemos más sabios y mejores oyentes. A fin de superar el condicionamiento que ha mitigado nuestra consciencia de nuestros sentimientos esenciales deseados, es posible que necesitemos invocarlos conscientemente a través de la práctica deliberada. Pero, según continuamos reconociéndolos y dándoles el espacio que ansían, veremos que volvemos de ese lugar de forma más y más espontánea.

Cuando estamos inmersos en el proceso de revelación mientras trabajamos a través de *El mapa del deseo*, es bueno recordar que **el alma siempre desea aquello que revelará más su verdadera naturaleza.**

Cuando somos capaces de reconocer nuestros sentimientos esenciales deseados como chispas de divinidad que pueden iniciar la iluminación de nuestra vida, hay un sentimiento de *ahhh…* Estamos descubriendo lo que ya estaba ahí —y añadiendo otra capa a nuestros ya envueltos corazones—. **Hay una sensación de haber llegado a casa.**

SER HONRADO

Podemos engañarnos a nosotros mismos pensando que ciertas cosas nos traerán la felicidad. El autoengaño es parte del autodescubrimiento. Inevitablemente, haremos cosas por las razones equivocadas.

Aprender a estar cerca de tu Alma es un proceso orgánico, con muchos tropiezos a lo largo del camino.

Volvamos a la estudiante universitaria de la que hablé, que, a pesar de odiar la contabilidad, iba a convertirse en una contable para complacer a su padre. No se puede decir realmente que complacer a su padre le hacía «feliz». Y así, «se siente bien» por eso. Pero esa no es la felicidad plena. En realidad, su búsqueda es conducida por el miedo. Posiblemente miedo a la independencia, miedo a la desaprobación, o miedo a la dificultad.

Su enfoque no está en ser feliz. Su enfoque no está en no ser infeliz. Hay una inmensa y absoluta diferencia. (Exploraremos dicha diferencia cuando hablemos sobre la motivación frente a la inspiración.)

Siempre podemos encontrar maneras de justificar nuestros comportamientos para alcanzar metas sin alma. *Era lo correcto. Es el resultado final. Tenía obligaciones. No quería herir sus sentimientos. Había mucho dinero en juego. Ya estaba demasiado metida en ello. Es como siempre se hizo.*

Me dejé la piel para alcanzar metas y en lanzar cosas que hacían que me sintiese plana y nada orgullosa. Perseguía tristemente metas en las que no creía realmente, porque quería ser exitosa. Eso era retorcido. Y nunca dio sus frutos, sin importar lo bien que me veía mientras lo hacía, sin importar cómo de unida pensaba que estaba a todo el mundo. Me costó —bastante—. Mi definición de éxito necesitaba una gran reparación.

Y eso es lo que se requiere para la mayoría de nosotros cuando decidimos que el viaje importa tanto como el resultado, y que queremos pasárnoslo bien la mayor parte del tiempo: cambiamos radicalmente nuestra definición personal de éxito.

LOS SENTIMIENTOS SON MAGNÉTICOS

CADA SENTIMIENTO ES UN FARO
QUE ATRAE LA REALIDAD

EL AMOR ATRAE AL AMOR

LA GENEROSIDAD OBTIENE
UNA RESPUESTA GENEROSA

LA IRA CREA MÁS COSAS
QUE PUEDEN ENOJARTE MÁS,
SI LAS DEJAS

EN LO QUE NOS ENFOCAMOS
SE EXPANDE

ASÍ QUE CENTRARSE EN LA VIDA,
AFIRMAR SENTIMIENTOS,
ES LA MANERA MÁS SEGURA DE CREAR
LA EXPERIENCIA QUE QUIERES

DESTACA LO POSITIVO

No estamos aquí para invalidar o evitar los sentimientos incómodos, oscuros y negativos que forman parte de la experiencia humana. La cartografía del deseo no trata de desvincularse de las cosas ásperas. Eso sería una locura, ya que estas —como la perdida, la desesperación, la enfermedad, la duda y las tragedias— ocurren.

Se trata de ser deliberados con nuestros sentimientos. Se trata de tomar una responsabilidad radical en cómo creas tu vida, y en cómo respondes a las personas y circunstancias que te rodean. Se trata de elegir ser positivo cuando podrías elegir con la misma facilidad ser negativo.

Bloqueadores del positivismo:

✔ Excesiva competitividad.
✔ Ambivalencia e indiferencia. Cuando estás en contacto con tu verdad, eres capaz de hacer una clara elección.
✔ Carencia de mentalidad. No hay suficiente para todos: no hay suficiente dinero, ni clientes, ni espacio de mercado, ni reconocimiento, ni oportunidades.
✔ Compararse con los demás —sintiéndote superior o inferior.
✔ Sentir celos hasta el punto de no ser capaz de desearle el bien a una persona.
✔ Preciosidad hasta el punto en que incomodas a los demás para obtener tus necesidades.
✔ Ira. La ira puede ser a veces útil y emocionante, y puede conducir a estados de ser más positivos. Pero es una jodienda la mayor parte del tiempo.
✔ Preocupación. Créeme, es inútil.

DISCIPLINA QUE AFIRMA LA VIDA

No hay camino fácil hacia la libertad en ninguna parte, y muchos de nosotros tendremos que pasar por el valle de la sombra de la muerte una y otra vez antes de llegar a la cima de la montaña de nuestros deseos.

— Nelson Mandela —

Por debajo de todo, somos salvajes y lo sabemos.

— Reggie Ray, erudito budista —

Una vez trabajé con una ejecutiva de entretenimiento que se enorgullecía por ser disciplinada. «Me levanto todas las mañanas a las 6 para correr», me contó durante una cena. «Lo odio, pero es lo que hay que hacer». Y continuó explicando que para Cuaresma dejó de decir palabrotas y que no había dicho ni una sola en cuatro años (¡aunque decir esa palabra que empieza con J haría que me sintiese de maravilla!). La Cuaresma siguiente renunció a tomar gaseosa y no tomó ni un sorbito en tres años (¡aunque una Coca-Cola con estos tacos vendría muy estupendamente!).

«Bueno, parece ser jodidamente divertido», le dije. Y a continuación le pedí a un camarero que me trajese una Coca-Cola.

Es así: como si fuésemos logro-bots cableados, muchos de nosotros nos subscribimos a sistemas de éxito que en realidad se convierten en bloqueadores de nuestros instintos. Estructuras, programas, regímenes —todas las disciplinas y teorías deberían utilizarse para apoyar nuestro pensamiento libre e independiente, sin embargo, muchos sirven para ahogar nuestra fuerza vital.

Aquella mujer ejecutiva no era muy alegre. Sufría silenciosamente de ataques de depresión, y estaba terriblemente sola. A pesar de estar en buena forma, compuesta y ser inteligente, su disciplina no parecía aliviar su verdadero dolor.

¿Podemos usar programas de 12 pasos o planes de alimentación o sistemas de gestión de tiempo para seguir nuestras metas con Alma? ¡Sí!

¿Puede la disciplina hacerte sentir feliz? ¡Sí!

Así que, ¿cómo sabes si te estás ahogando con la estructura frente a la nutrición, o liberarte con la estructura? Lo sabes porque sienta bien hacerlo, y te conduce a más sentimientos buenos.

Puede que necesitemos más discursos morales y sistemas de responsabilidad para hacer nuestros sueños realidad. Pero no es necesario que nos ladremos órdenes, y tampoco deberíamos aguantar la mierda abusiva de los líderes o entrenadores tipo para superar nuestros miedo y poder ganar la carrera. Incluso si ganas, el castigo que aceptaste de otra persona o que te infligiste tú mismo te pesará en tu autoestima.

Incluso en medio del necesario trabajo duro o restricción, puedes acceder a la alegría. Es trabajo duro conducido por positivismo. ¿Estuviste alguna vez en la línea de meta durante una maratón? Ninguno de los participantes están felices por las ampollas y músculos doloridos, están eufóricos por estar en la carrera. Cuando emprendemos lo que debemos hacer con pleno propósito de corazón, este lleva a un resultado que podemos amar. El proceso afecta al resultado.

La señal más segura de que estás trabajando con la disciplina del tipo que afirman la vida, en vez de el tipo que deprime el espíritu, es que no te quejas mucho de hacer lo que sea necesario.

Actualmente, no hago nada que me haga miserable para alcanzar una visión. (Vale, organizo los recibos para hacer los impuestos, pero lo hago mientras veo una película). Principalmente, no tengo en mi plato ninguna tarea que me succione el alma. Pero con el fin de crear lo que quiero, cuando quiera, hago cosas que son difíciles de hacer, como levantar objetos pesados, algo que requiera resistencia, o el tipo de cosas en que necesito-tomar-mis-vitaminas-verdes-azuladas-de-algas-para conseguirlo. Como cuando me despierto de vez en cuando a las cinco de la mañana para escribir y así estar al día con la fecha de lanzamiento. Esto es difícil para una persona que durante toda su vida ha sido un búho nocturno. Pero soy feliz de escribir tanto a las 5 a.m. como de hacerlo a medianoche. Y me siento igual de cerca a mi fuerza vital cumpliendo un plazo totalmente loco como si escribiese un breve poema durante unas largas vacaciones.

La disciplina que afirma la vida no te aleja de tu verdad y alegría, te acerca a ellas.

NO ERES TUS SENTIMIENTOS

Elige un término que resuene con tu alma: Alma, espíritu, fuente, poder, Buda, naturaleza, esencia, energía pura, vórtice, Dios, piedad, divinidad, tu ser original, luz, amor. Para nuestros propósitos, elegiré Alma —con A mayúscula, tanto para efecto como respeto.

Tu Alma lo es todo. El «soy lo que soy». Tu ser. El tú que es simultáneamente parte de todo. El Dios que es consciente de sí mismo. Incomprensiblemente, tu Alma es la materia de la eternidad, tiempo sin fin, el espacio y dimensiones que abarca. Es el Amor de Todos los Amores. Es la Fuente de Luz inextinguible. Tu Alma es el hogar.

Tu alma es el destino y tus sentimientos son las señales de tráfico que te dirigen hacia él. Tus sentimientos te guían a casa dándote señales cada momento.

Necesitamos diferenciar en esta conversación los sentimientos que experimentas en tu ser, y los supuestos sentimientos que experimentas con acontecimientos externos. Tu experiencia personal del amor, o expansión, o gratitud, o cualquier emoción, son tus estados de ánimo.

Los pensamientos u opiniones que tienes en una situación no son estados sentimentales. He aquí un ejemplo: Puedes ver una película la cual pensaste que era deprimente, pero sentirte feliz. Puedes hablar con una persona que te parece negativa, y aun así experimentar una profunda alegría dentro de ti. Puedes tener un número indefinido de opiniones intelectuales sobre política, y esas perspectivas mentales están separadas de la emotividad que tienes.

La capacidad que tienes de atestiguar algo que tu mente, o fuentes externas etiqueten como negativo, y permanecer en un estado positivo al mismo tiempo, es la autodeterminación —y transcendencia—. Piensa en las personas que son pacíficas incluso en medio del caos, o que son generosas estando arruinadas, o que aman ante la opresión. Piensa en Nelson Mandela experimentando libertad interior mientras estaba en la cárcel.

No siempre puedes elegir lo que te pueda pasar, pero siempre puedes elegir cómo sentirte al respecto.

Un atasco es un buen ejemplo de cómo distintas personas eligen sentirse de distintas maneras en la misma situación. Arrastrándose por el carril de viajeros, Heather Happy se mece al ritmo de la música, pensando en el proyecto en el que está trabajando y en lo que preparará para la cena —y siente mucha gratitud y una buena cantidad de paz. *Todo va bien, momento correcto, sitio correcto —este tráfico me da al menos tiempo para relajarme.*

Justo detrás está Debbie Downer. También se mece al son de la música, pensando en el proyecto en el que trabaja y en lo que preparará para cenar —y está cabreada y frustrada—. *Maldito trayecto. ¿Por qué me pasa siempre esto? ¿Quién es el payaso que está causando esto?*

Ser capaz de experimentar paz, e incluso apreciación, estando en una situación difícil es el resultado de estar en contacto con tu Alma. El sentimiento de paz indica quién eres en realidad. En cambio, sentirte como una bolsa de bolas de agravada preocupación indica que no estás en contacto con tu grandeza.

Paz o preocupación. Gratitud o ira. Tú eliges.

¿SENTIMIENTOS O EMOCIONES? SOLO UNA NOTA AL MARGEN.

Mientras te sientas inspirado, tu vida está siendo bien empleada.

— Hugh MacLeod —

Podríamos tener un debate sin fin sobre qué es un sentimiento y qué es una emoción. De hecho, pregunté a miles de personas en Facebook y Twitter para que me diesen su opinión sobre el tema y se volvió emocionalmente perspicaz, confuso y entretenido —realmente rápido—. En lo que podemos estar de acuerdo es que muchos de nosotros nos sentimos confundidos al respecto.

Estoy haciendo una encuesta. ¿Cuál creéis que es la diferencia entre sentimientos y emociones? Debatid.

Anoche utilicé mis sentimientos para poder verbalizar mis emociones en una conversación muy intensa. O al menos eso me pareció a mí.

El ego impulsa las emociones y estas impulsan los sentimientos… Creo. :)

¿Las emociones son a corto plazo y los sentimientos a largo plazo?

Si me corto —sentimiento—, puedo exteriorizarlo después.

Los sentimientos son a menudo dictados por los pensamientos y son sometidos a un cambio constante pendiente de dichos pensamientos.

Las emociones proceden de la boca del estómago y los sentimientos proceden del corazón.

Los sentimientos son para las emociones lo que las olas son al océano.

Las emociones son reacciones comunes a los sentimientos… siendo ambos sujetos a hormonas e historia.

Los sentimientos son el argot de las emociones.

Misma cosa, distintas palabras.

Y mi respuesta preferida, estos datos importantes de Nicholas Korn:

The Emotions lanzaron la canción de música disco «The Best of my Love» en 1977, mientras que Albert Morris lanzó «Feelings» en 1975. Así que supongo que la diferencia sería de dos años.

Las emociones y los sentimientos no son la misma cosa. Son aparentemente inextricables pero de hecho, son distintos. Como el árbol y su fruto. Es terreno problemático porque la gente —desde psicólogos a poetas— utilizan a menudo las palabras indistintamente, con autoridad implícita, y sin embargo las definen de distintas maneras.

Le pregunté a mi metafísico e intuitivo preferido, Hiro Boga, para que lo resumiera:

Los sentimientos son respuestas energéticas directas a experiencias —son las comunicaciones de nuestro cuerpo. Estos responden constantemente a lo que pasa dentro y alrededor de nosotros. Estas respuestas toman la forma de sentimientos. Los sentimientos son respuestas específicas y vibrantes de nuestras experiencias.

Las emociones son sentimientos con un componente mental añadido —un pensamiento, una historia, una creencia, un patrón o una imagen que actúa a menudo (aunque no siempre) como un prisma a través del cual el sentimiento es interpretado en vez de ser simplemente abandonado. Esto puede darle forma a la energía del sentimiento y congelarla en una forma rígida. Las emociones tienden a ser menos fluidas, respondiendo menos a la experiencia directa.

Basándonos en las definiciones de Hiro, si nos permitiésemos sentir lo que estamos sintiendo, la energía de los sentimientos se moverá a través de cambios naturales —como cambia toda energía—. Los sentimientos son fluidos.

Esto me suena a verdad, pero seguiré utilizando ambas palabras indistintamente, en aras de ambas simplicidad y sabor.

He aquí la verdad: tu definición de los sentimientos solo tiene que tener sentido para ti. Lo que realmente necesitamos para estar de acuerdo es que sepas que un sentimiento (o una emoción) es positiva cuando lo sientas. Bueno, malo. Feliz, triste. Positivo, negativo. Ya sabes.

EL BENEFICIO
DE LOS DESEOS CLAROS

Lo que buscas te está buscando a ti.

— Rumi —

DEMOSTRAR MENOS, VIVIR MÁS

A lo mejor no necesitas hacer seis figuras al año. O casarte antes de los treinta. O ser capitán de equipo. O estar sentado en un ashram observando cómo inhalas y exhalas. O tener una pensión.

O a lo mejor esas son exactamente las cosas que necesitas tener y hacer para sentirte como quieres sentirte.

Cuando te das cuenta de los sentimientos que ansías, puedes sorprenderte con algunas nuevas opciones. Te matricularás en seminarios que jamás consideraste. Abandonarás cosas. Podrías darte cuenta de que no necesitas ser VIP para sentirte poderoso o útil, solo necesitas ir como voluntario a un refugio para jóvenes. A lo mejor no necesitas ese premio, solo necesitas cuidar mejor de ti mismo.

Tener claros tus deseos verdaderos es muy liberador, ya que puedes dejar de probarte a ti mismo ante los demás (tú incluido). Piénsalo durante un minuto. *Dejar de probarte a ti mismo*. ¿No te sientes más ligero? Porque yo sí.

Conocí a SARK en un cóctel. SARK también es conocida como Susan Ariel Rainbow Kennedy, y millones de personas han leído sus pósters y libros, como *Succulent Wild Woman, Living Juicy*, entre otros. Deslumbra como persona. Quería sentarme a sus pies y escuchar cualquier cosa sabia que quisiese decir. Conectamos inmediatamente. «¡Cuéntame cualquier cosa!», le dije. «En plan, ¿qué te va estos días? Lo que sea.» No tardó ni un segundo. Me miró directamente a los ojos, brillantes pero muy serios, y me dijo, «Sin esfuerzo».

Se lo susurré de vuelta, asintiendo con la cabeza como si acabase de escuchar la contraseña del siglo. «Sin esfuerzo». Y entonces subí el volumen a nivel de eureka. «¡Sin esfuerzo! Oh, Dios mío, no tienes ni idea de cómo necesitaba escuchar esto ahora mismo», le dije. Y lo coreamos juntas (tú también, conmigo): «Sin esfuerzo». Y nos reñimos como brujas bonitas.

Entonces, SARK pasó a decirme las fabulosas y poco ortodoxas formas con las que dirige su gran imperio editorial. Me contó cómo había rechazado ofertas muy llamativas o cómo puso fin a proyectos económicamente rentables para poder sentirse productiva espiritualmente —que obviamente condujo a una mayor rentabilidad—. «Dejé de esforzarme años atrás. Cambié mi definición de éxito. Necesito sentirme jugosa. Jugosa es la meta.»

Todo jugo. Sin esforzarse. Sentirte bien es la meta. Hecho.

CON DESEOS CLAROS, PUEDES DECIRLE SÍ A LAS OPORTUNIDADES ADECUADAS

Lo que nos esforzamos en conseguir
la perfección
no es lo que nos convierte
en el ángel iluminado
que deseamos,
lo que nos perturba
y nos alimenta después
tiene todo
lo que necesitamos.

— David Whyte —

Así que tienes claro cómo quieres sentirte. Digamos que atrevido, amor, energizado y próspero. Excelente. A continuación empiezas a visionar que te sientes de esa manera en tu relación ideal y los detalles empiezan a aparecer en tu mente.

Te imaginas que tu pareja ideal es apuesto/a, obviamente; y que tiene una educación estupenda, como tú, y así poder tener un combate intelectual; y es atlético/a, por que eres una persona muy deportista y quieres a alguien que monte en bicicleta contigo. Y lo óptimo (por que vamos a por lo ideal) sería que no fumase y que le encante viajar, ¡por que estás preparado/a para irte de aventuras, cariño!

Y entonces conoces a alguien en la barbacoa de un amigo, y te sientes intrigado/a y atraído/a por esta persona. Te sientes lleno/a de energía, como si te iluminases por unos cuantos vatios en su presencia. Pero no está tan bueno como te esperabas... algo regordete tal vez. Y te sorprendes cuando te enteras —tras haber hablado durante horas fluidamente de todos vuestros temas preferidos— de que a pesar de ganarse la vida como escritor, nunca fue a la universidad. *Hmmm. Bueno, es una pena*, piensas, *mi hermano no estará muy impresionado*. No corresponden con los detalles de su visión. Pero… te sientes tan feliz estando cerca de él.

En tu primera cita dicho amante te lleva a un slam (torneo) de poesía en una zona sórdida de la ciudad, y te abre tu mundo. *¡La pasión! ¡La política!* Más tarde te lleva a un restaurante de comida etíope, que nunca probaste antes. Te sientes como si estuvieses en una aventura en tu propia ciudad. ¡Quieres más! Empiezas a sentir el amor moverse a través de ti. Y por Dios, jamás te habías reído como estabas haciendo en este momento.

Y luego te enteras de que esta persona, que es increíblemente guay y que te excita mucho, le da miedo volar en avión. De hecho, tiene tal fobia a volar que nunca ha estado fuera del continente. ¡Ñiiieeec! Punto muerto. ¿Qué pasa con la luna de miel en París con la que siempre habías soñado? ¿Y la fiesta de cumpleaños de tu amigo en Chile? Nada de vuelos. Algo regordete. Sin alma máter. El acuerdo se puede anular.

Salvo que… te sientes de la manera que querías sentirte. Aventurero. Amor. Energizado. El embalaje apesta un poco, pero te sientes tan bien con estos sentimientos. Y te sorprendes a ti mismo. Cedes ante tus sentimientos esenciales deseados. ¡Eres un sí! ¡Tres hurras por la verdad! Los temores silenciados, el corazón comprometido. Tú no estás comprometiendo. De hecho, estás en expansión.

Tienes una boda en el patio trasero y un viaje por carretera como luna de miel. Mazel Tov. Y a continuación, como esta es una verdadera historia de amor, encontraréis rápidamente un gran terapeuta para parejas, que te ayudará a llegar a la conclusión de que irte a París con tu mejor amigo/a, y volver a casa con tu fiel compañero/a que te excita muchísimo, es un muy buen acuerdo.

Cuando tengas claro cómo te quieres sentir, puedes estar abierto a lo que la vida quiere darte. Y por lo general, la vida tiene para ti algo mejor reservado de lo que jamás hayas imaginado.

Mantente anclado al sentimiento deseado, y abierto a la forma en la que se manifiesta.

EL DESEO LLEVA LUZ A LA OSCURIDAD

El anhelo, si lo sentimos plenamente, nos lleva a la pertenencia.

— Tara Brach, Aceptación Radical —

Esto es lo que sé que es verdad: cuando siento una especie de ira infernal o me siento dolorosamente desconectada, quiero dejar de sentirme así lo más rápido posible. Tardé años en darme cuenta de que sintonizar con mis sentimientos más deseados —mi estado de ser preferido— me da un alivio inmediato. Y más que eso, permite que haya curación.

La situación: estoy enfadada porque algo no está pasando como yo quiero que pase. Mi pareja acaba de hacer «eso» de nuevo y estoy realmente cabreada. (*¿Cuántas veces —y cómo— he de pedirle que no haga eso!?*) Huffy huff puff. Huff. Grrrr. Puff.

El efecto cascada de la cháchara despectiva de la mente del mono:

*Mira que puede llegar a ser imbécil. No... **Yo** soy la imbécil por pensar que es un imbécil. Pero tiene un problema, quiero decir, en serio. Si tan solo cambiara esa cosa. No, a la que le pasa algo es a mí. Si tan solo cambiase. Tengo que ser más cariñosa, desarrollada, budista, femenina, flexible, comprensiva, dura. Es solo una vieja herida con la que estoy chocando. Todo esto es mi mierda. Esto no está realmente sucediendo en el presente. Tal vez debería trasladar mi cita con la terapeuta al lunes, o leer a Pema Chödrön. Necesito ir a yoga esta noche para abrir mi chakra del corazón. Piensa cosas positivas, Danielle, piensa en lo maravillosas que son todas estas otras cosas en su vida. Pero sigo cabreada...*

Y el bucle mental se repite una y otra vez. Así que trato de escapar pensando pensamientos de afirmación felices: me encanta mi vida (que en general, es así, pero en este momento, esta afirmación parece un piropo de mierda). Así que me meto en la espiral de la psicocrítica y analizo la mierda de «sus problemas» y de «mis problemas.» Y no solo esta falsa alegría e intelectualización me molesta aún más, si no que arrastra el conflicto más tiempo.

Sé que sabes de lo que estoy hablando.

La solución: Nada de esta cháchara o análisis —ya sea verdad, objetivo o no— me ayuda realmente a sentirme mejor al segundo. Y con «sentirse mejor», me refiero a estar centrado y ser uno con mi fuente de vida. Con «sentirse mejor» no me refiero a estar bien, tranquila, apaciguarme. No estoy interesada en una tirita para el dolor, quiero el antídoto. Y estoy muy interesada en conseguir ese STAT. *¿Qué se llevará este dolor?*

Lo que hace sentirme mejor en los momentos más difíciles es pensar sobre mis sentimientos esenciales deseados.

Si parece que las cosas están oprimidas y completa y jodidamente imposibles, pienso, *Deseo luz. Lo que realmente quiero es fluidez. Preferiría la comunión.* Se interrumpe el martilleo mental. Y entonces me siento más cerca de casa, y soy de nuevo consciente de mi Alma. Al recordarme a mí mismo lo que realmente quiero en esos momentos, no he invalidado lo que está pasando y no he ido al futuro de visita. Solamente conecté con el deseo omnipresente. Y es sorprendentemente motivador.

Recordar tus sentimientos deseados cuando no estás consiguiendo lo que quieres.

- ✔ interrumpe tus quejas mentales y…
- ✔ te dirige en la dirección correcta, la cual…
- ✔ permite que cierto optimismo se deslice en tu mente, lo que…
- ✔ acerca al estado expandido de «lo que es posible», el cual…
- ✔ abre tu corazón, lo que…
- ✔ no solo es reconfortante, sino que permite que la luz de la conciencia entre, por la cual podrás ver con más claridad.

Y cuando la luz de la conciencia te está ayudando a ver con mayor claridad, puedes tomar mayor número de decisiones. Puedes ver las soluciones, puedes encontrar remedios que te ayudan a sanar, puedes sentir gratitud por lo que está pasando en ese momento —y esto último es capaz de cambiarlo todo por sí solo. Incluso te puedes relajar y reír —y dejar de ser imbécil.

Así que cuando estés atascado, o sientas desesperación, o estés cegado por la rabia, juega tu carta del deseo: «Deseo armonía», «Seguridad, por favor», «Libertad, gracias».

Puede que el universo tarde unas pocas horas, días o años en hacer la entrega. Mejor dicho, podría tomarte un tiempo estar listo para permitir que esos deseos cumplidos entren en tu vida. Incluso en ese caso habrás expresado no obstante tus deseos y creado un momento más amplio.

PUEDES MEJORAR TU VIDA. DIARIAMENTE. DE MANERA PRÁCTICA.

Un deseo es de todo menos frívolo. Es la interfaz entre tú y aquello que es más grande que tú. Ningún deseo es insignificante o inconsecuente. Si te atrae, aunque sea un poco, llevará a todo el mundo a lo alto. El deseo es donde habita lo Divino, en el interior de la inspiración de tu deseo. Cada deseo es de gran importancia, de enormes consecuencias, y merece tu atención.

— Mama Gena —

Esta es la única razón más práctica para tener claros tus deseos esenciales: puedes hacer pequeñas mejoras en tu ser y de tu vida, diariamente.

No tienes que renunciar a tu trabajo. O aprender a hablar francés, o comenzar una nueva práctica de meditación, o un sistema de siete pasos. No necesitas hacer una llamada telefónica para aclarar las cosas con la persona que te hizo daño hace diez años. Ni siquiera tienes que ser audaz.

Para sentirte de la manera que quieres sentirte con la mayor frecuencia posible, solo tienes que hacer cosas simples para ayudarte a sentirte así todos los días.

Uno de mis sentimientos esenciales deseados es «Divinamente femenina». Pero no voy a dar clases de danza del vientre o dirigir círculos a la diosa en mi sala de estar. Porque, a) soy introvertida, y b) mi vida es plena. Cuando pienso en lo que puedo hacer para generar el sentimiento «divinamente femenina» a diario —entre todas las otras cosas que he puesto en mi plato— tiene que ser muy simple y factible. Y natural.

Puedo enviarle un mensaje dulce o picante a mi chico. La semana pasada decidí releer un capítulo del libro de Clarissa Pinkola Estes: *Mujeres que corren con los lobos*, y me aseguré de mantener la fecha en la que tomaré el té con mi amiga. Compré entradas para el concierto de Alanis Morissette. Un día simplemente busqué en Google «divina femenina» y guardé algunas imágenes de diosas que encontré para el día. En los días en los que no me siento muy Sexy Mujer Maravilla Kali Mama Diosa Poder Chica, divinamente femenina puede ser simplemente optar por llevar falda en lugar de pantalones de yoga. Y esa pequeña, y a veces simple, opción para sentirse bien puede cambiar cómo me siento durante todo el día.

Un ruinoso día en particular me sentía de todo menos próspera. Las tarjetas de crédito estaban llenas, tenía que pagar el alquiler, y el teléfono no había sonado con ningún negocio nuevo esta semana. *¿Qué hará que me sienta mejor?* pensé. *¿Qué voy a hacer cuando realmente esté ganando dinero? Respuesta: ¡Me compraré ese sofá de lino italiano en Inform!* Así que me dirigí a la refinada tienda de muebles en la parte moderna de la ciudad y puse mi trasero en aquel sofá —durante un visible largo rato—. *Así es cómo te hace sentir la afluencia —calidad—*, pensé. Y me sentí un poco mejor. Me sentí un poco más capaz. Y eso hizo que me sintiese más como yo. Y en lugar de centrarme en la sensación de estar arruinada, cambié mi enfoque a ir tras lo que quería. Era una cosa pequeña, pero eficaz, que me hace salir de mi peste y volver a sentirme inspirada para hacer que las cosas sucedan.

Las acciones pequeñas y deliberadas, inspiradas por tus verdaderos deseos crean la vida que amas.

Cuando no te sientes como quieres sentirte, un simple y pequeño gesto es suficiente para cambiar tu estado de ánimo. Una de mis amigas es escritora independiente, y tiene la costumbre de regalar cosas cuando se siente carente. «Pago la cena con un amigo, incluso si ando escasa de dinero, o hago algún trabajo escrito pro bono. Esto abre mi corazón, y el dinero parece fluir mejor cuando me siento más generosa con la vida».

Sumérgete en la energía de lo que deseas.

— Hiro Boga —

Busca entornos que correspondan con tus sentimientos deseados. Conozco a alguien que, cuando se siente miserable, va a probar coches nuevos. Deambula por propiedades abiertas al público para verlas y que estén fuera de tu rango de precio. Ve a una galería de arte para estar rodeado de trascendente y valioso arte. Dejate influir por la belleza y el poder.

La idea es que hagas cosas fáciles y naturales que estén alineadas con tus sentimientos esenciales deseados. Estas acciones pequeñas y constantes no cambiarán tu vida en un instante, pero sí lo harán día a día.

HACEMOS UNA IMPORTANTE DISTINCIÓN

Ser deliberado acerca de cómo quieres sentirte está en la raíz de la autosuficiencia, y es también un esfuerzo colaborativo que haces con la vida. Nos ayudamos a formar nuestra realidad mediante la proyección de nuestras peticiones con la esperanza de que sean satisfechas. Y tenemos que hacer una distinción muy importante de dónde proyectamos nuestros deseos.

¿Nos estamos buscando a nosotros mismos para sentirnos como queremos sentirnos, o dependemos demasiado de los demás para que nos ayuden a sentirnos como queremos sentirnos?

Trabajemos con los sentimientos esenciales deseados «generoso» y «fuerte» como ejemplos. Deseas que la generosidad y la fuerza sean tu estado de ánimo habitual. Así que no se trata de que tu jefe o tu mejor amigo sean generosos y fuertes *para* ti, o que su comportamiento te *ayude* a sentirte generoso y fuerte. No se trata de que tu trabajo sea generoso y fortificante. Se trata de que *tú* seas generoso y fuerte, en el trabajo, o en la amistad.

No estamos poniendo el deseo de nuestro viaje en el mundo. *¡Pero no me haces sentir como quiero sentirme!* No se trata de que la intencionalidad emocional sea la manipulación de los actores en tu obra y crear el escenario adecuado. Se trata de improvisar y entrar en el estado de ánimo adecuado independientemente de cómo otras personas vayan apareciendo en el escenario.

Puedes sentirte ligero cuando otra persona es pesada. Puedes sentirte seguro cuando las cosas no vayan bien.

Puedes sentirte hermosa en medio de las partes feas de la vida.

Ahora puedes estar pensando: *¿Pero no queremos atraer a las personas que están alineadas con nuestros deseos? ¿No queremos que el mundo que nos rodea sea una fuente de placer?*

¡Sí, sí, por supuesto que sí! Queremos que el universo nos entregue placer (y de hecho, el universo está diseñado para entregarnos el placer directamente a nuestra puerta). Pero cuando venimos de un lugar donde tratamos de controlar a las personas y las circunstancias para sentirnos bien, entonces nos salimos de nuestro verdadero poder.

Colaborar con el cosmos en vez de imponernos al mundo. Eres más fuerte cuando te interpones a tu propio poder y bailas con lo que te rodea.

RESPETA TUS DESEOS

Estás en un momento preocupante, de todo menos fantástico, y te dices a ti mismo: «Quiero sentir vitalidad». ¡Excelente intención! Estás centrado en tu deseo positivo. Pero de repente añades esto: «¡Porque esta situación es horriblemente insoportable y no puedo creer que me me haya metido en esto!». Uups, acabamos de hacer un fuerte giro a la izquierda hacia Melancolandia y terminamos con mal pie. Acabas de convertir un estupendo deseo en una buena bofetada.

Lloriquea si sientes la necesidad. Sácalo. Eso sí, no dejes que termine así. Haz todo lo posible para conseguir que tus pensamientos vuelvan a seguir una trayectoria positiva y creativa y así estar alineada con tu Alma. Esta es el trabajo arduo y bien hecho de la conciencia adulta.

Quiero sentir paz… pero estoy furiosa… por lo que debo estar mal… Toda esa terapia y aun así sigo atascándome de esta manera.

Sigue adelante y vuelve a encarrilar:

… y sigo sabiendo que lo que más quiero es paz.

Y ya está. Simple. Solo hay que añadir una gota más en el mar y se puede inclinar su energía.

Si nos podemos sentir incluso un poco más amplios durante un incidente doloroso, entonces podemos construir nuestro músculo de positividad en ese momento. Y cuando lo practicamos a lo largo del tiempo, desarrollamos la fuerza para cambiar las cosas con más rapidez, o incluso para evitar completamente que se produzcan espirales descendentes.

NO JUZGUES CÓMO QUIERES SENTIRTE

¡Quiero ser increíblemente rico! ¿Es eso ser codicioso?
¡Quiero sentirme amado! ¿Es eso ser necesitado?

Tal vez. Tal vez estás siendo gobernado por lo que los budistas llaman «el fantasma hambriento». Este es la parte sobrenecesaria y voraz de nuestra psique que exige ser alimentada —atención, satisfacción, comodidad, cualquiera que sea para nosotros el punto de atracción de la emoción—. Está asustado, siempre vacío, y nunca estará satisfecho.

O a lo mejor lo que etiquetas como necesitado o avaro es en realidad un impulso para curar y cuidar de ti mismo. Hacer lo necesario para cubrir tus necesidades de manera saludable es parte de tu espíritu madurando. Autoapaciguación. Autorresponsabilidad radical. Creación intencional.

Hasta que no admitimos y honramos el hecho de que solo queremos sentir [lo que sea], no podemos siquiera empezar a experimentar la satisfacción que anhelamos.

Cuanto más juzgues un sentimiento deseado, más te pide tu atención.

Una vez estuve en una asociación de trabajo en la que ansiaba libertad de forma casi obsesiva. Clandestinamente, quería mi propio curro y negocio: quería mi propia libertad. Me atormentaba el remordimiento. Me dije que era egoísta. Necesitaba superarlo. *Es solo un defecto de mi personalidad por ser hija única.* Me enloquecía tratando de convencerme de ser una persona que no era realmente. Cuando por fin fui libre y el socio y yo fuimos por distintos caminos, me sentí como si hubiese salido de una película y hubiese vuelto de nuevo a la vida real. Y entonces me prometí poner mi deseo de libertad en el centro de todo lo que hiciese.

No importa si tus sentimientos esenciales deseados provienen de un lugar de carencia extrema o de un lugar de gran abundancia. El hecho es que, son tus deseos actuales e intentan enseñarte algo: el camino a tu Alma.

Aquellos que reprimen el deseo
lo hacen porque es lo suficientemente débil para ser reprimido.

— William Blake —

LAS MANERAS EN LAS QUE RECIBES TUS NECESIDADES SATISFECHAS EVOLUCIONARÁN

Dependiendo de cómo conseguimos nuestras necesidades satisfechas, creamos bienestar o disfunción en nuestras vidas.

En un momento delirante puedes pensar que irte de juerga un fin de semana o dormir con ese compañero de trabajo que solo es bastante atractivo que va a hacer que te sientas bien libre y amado. Pero si te sientes culpable y avergonzado mientras vas por un supuesto cumplimiento, entonces no estás dando en el clavo.

Si tuvieses que salir de ti mismo, lejos de tus valores y Alma, para obtener tus necesidades satisfechas, entonces no vas a obtenerlas realmente. El proceso en sí de traer a la vida tus sentimientos esenciales deseados tiene que ser infundido con los sentimientos que estás buscando. Si tu objetivo este año es una gran libertad, entonces haz cosas que te hagan sentir libre hoy.

Cuando te encuentras cara a cara con tu ardiente necesidad, cuando puedes decirte a ti mismo con cierto asombro sincero, *Por el amor de Dios, cómo habré anhelado alguna vez sentirme visto y conectado* (por ejemplo), entonces puedes comenzar a relajarte dentro de ti mismo. Y en este lugar más relajado y tolerante, la energía agitada y exigente que rodea el deseo comenzará a refrescarte y podrás pensar con más claridad cómo sentirte realizado positivamente. No tendrás que patear el suelo o tomar un vaso de vino de más. Confiarás en que tienes lo que se necesitas para crear algo satisfactorio. Y lo harás pasito a pasito.

Al principio es posible que necesites que alguien te dé permiso, validación externa. Ve por ella. Llama a tus amigos y pídeles que te digan por qué eres tan especial. Contrata un entrenador para que te anime.

Y entonces, como el paso siguiente hacia los buenos sentimientos, tal vez tengas que hacer algo bastante significativo o dramático. Ya sabrás cuándo es el momento.

Mantente firme con tu necesidad. Habrá días muy hambrientos en los que posiblemente tendrás que susurrarte una y otra vez: *Solo quiero sentir lo que quiero sentir… Solo quiero sentir lo que quiero sentir…* recordándote que siempre tienes derecho a desear algo más de lo que está actualmente en frente de ti.

Eventualmente, el cómo creas tus sentimientos más deseados se convertirá en un hábito de tu verdadera naturaleza —instintivamente saludable y consciente de si mismo—. Habrás ascendido como director general de tu propia realización —y tendrás mucho que dar al mundo.

EL INNEGABLE INMENSO VALOR DE LAS EMOCIONES NEGATIVAS

En las profundidades del invierno aprendí finalmente
que en mi interior habitaba un verano invencible.

— Alberto Camus —

Estados de ánimo positivos son una señal de que estás sincronizado con tu Alma.

Estados de ánimo negativos indican que no estás sincronizado con tu Alma.

Y nos vamos a desincronizar. Nos vamos a olvidar de nuestra magnificencia unas cien veces al día. Algunas personas solo vislumbrarán su propia magnificencia unas pocas veces en su vida. Lo que es devastador es que algunos de nosotros nos pasaremos la mayor parte de nuestras vidas adultas resistiéndonos a nuestras Almas, en estados perpetuos de mal humor y temor. Quiero decirles a aquellas personas: «Simplemente has olvidado quién eres: es solo una situación temporal».

Desviarse del camino no es solo natural, sino que también es absolutamente inevitable para cada uno de nosotros. No importa si eres notablemente más sabio que la mayoría, si estás haciendo un hermoso servicio desinteresado al mundo, si eres un monje confeso, o un implacable lector de libros de autoayuda con años de terapia, con un pase de yoga y con los chakras alineados para demostrarlo. Vas a escaparte de tu zona del Alma y te meterás en las emociones sombrías de duda, celos, mezquindad, venganza, y todo un grupo de otros estados de ser incómodos.

Desviarse del camino es esencial para nuestro desarrollo.

Desviándonos de nuestra esencia y volver de nuevo a ella es como acumulamos percepción de, y confianza en, la naturaleza de la vida. Aprendemos más acerca de nuestro paisaje personal y del universal cada vez que tomamos un giro equivocado. Y ¿cómo sabemos que hemos tomado el camino equivocado? Bueno, en general, nos sentimos como una mierda. Nos sentimos exactamente como no queremos sentirnos.

¿Qué tal si reenmarcamos los sentimientos negativos como si fuesen llamadas de alerta? Me gusta pensar en estas incesantes, persistentes y negativas emociones como recordatorios periódicos del impresionante al que tengo acceso, incluso cuando me siento como una vaca total.

Tengo un temperamento fuerte y, aunque no estoy orgullosa de ello, también soy una crítica semiprofesional de casi todo. Esta combinación muy especial de cualidades indica que Rage Lite es una parte regular de mi existencia diaria. LaPorte está en total desacuerdo con el pésimo servicio al cliente: *¿Estás de coña?* Con otra empalagosa película de Hollywood: *¿Estás de coña?* Con que mi pareja vaya dejando sus malditas botas grandes justo en frente de la puerta, otra vez: *¿Estás de coña?* Y así va, mi vía rápida hacia la iluminación.

¿Son mis minigéiseres de frustración indicadores de que estoy actuando desde mi verdadera naturaleza? No. Esa frustración, que en su forma más oscura puede convertirse en desprecio, me dice que me he olvidado de lo que yo sé que es verdad: que todos estamos haciendo lo mejor que podemos, que todos somos dignos del amor, y que todo está bien. La naturaleza luminosa y dorada de la existencia no se agobia por cosas pequeñas.

¿Es la frustración, o cualquier otra emoción negativa, útil o que valga la pena? Sí, joder. Cada emoción que sientes es valiosa. El truco es realmente sentirlo —y después aceptarlo plenamente—. Juzgarnos a nosotros mismos por sentirnos menos que excepcional, o para estar a la deriva de nuestra divinidad por un minuto, o varios meses, solo nos mantiene encerrados en esos estados negativos. Si estamos condenándolo, estamos creando un estancamiento. Cuando limpiamos el residuo del juicio de la lente, podemos ver donde están esperándonos las opciones más positivas.

Mi Rage Lite me recuerda a lo que realmente deseo: la alegría. Me empuja a que me ría de mí misma. A veces me recuerda que el acto más amoroso puede ser simplemente dejarlo ir. A veces me incita a tomar medidas. Mi rabia me recuerda a la paz. Mi tristeza, a la felicidad. Mi temor, a la fe.

LOS SENTIMIENTOS PUEDEN PARECER DISTINTOS A CÓMO SE SIENTEN

En poesía: Todo el mundo quiere saber lo que quiere decir.
Pero nadie se pregunta, ¿cómo se siente?

— Mary Oliver —

Podemos ser rápidos a la hora de identificar ciertos sentimientos como «malos» o que no son ideales, por lo que gastamos mucha energía al evitar dichos sentimientos o juzgándonos por sentirlos.

Tenemos que tener en cuenta cómo de fluidos y multidimensionales son los sentimientos.

Al igual que un océano puede golpear la playa con olas y, sin embargo, estar perfectamente tranquilo en sus profundidades, nuestros sentimientos pueden parecer destructivos, o inadecuados, o negativos, cuando en realidad son expresiones de algo increíblemente esperanzador que viene de nuestras profundidades.

Así que, algunos días, un arranque de ira podrá ser realmente una ola de energía creativa que te recorre. *¡Lucha por tus derechos!* O que ese temblor pena podría ser la agitación de tu compasión más tierna. Lo que parece miedo podría ser en realidad excitación. Como mi entrenador de charlas Gail Larsen siempre me recuerda, «El miedo es excitación sin el aliento».

Solo tú puedes decir lo que parece verdad.

SENTIMIENTOS NEGATIVOS SON LOS PELDAÑOS HACIA LOS SENTIMIENTOS MÁS POSITIVOS

Cada necesidad trae lo que se necesita.
El dolor soporta su cura como un niño.
No tener nada produce provisiones.
Pregunta algo difícil,
y la maravillosa respuesta aparecerá.

— Rumi —

La restricción puede conducir a la libertad. La vergüenza puede llevar al orgullo. La debilidad puede conducir a la integridad. Pero hay que permanecer en movimiento con el fin de ir de un estado a otro, constantemente mirando a tu GPS de los sentimientos internos. «En este momento estoy viajando hacia el sur por la autopista Desesperación, lo que significa que estoy a unos 900 kilómetros de distancia de la Alegría. Mejor me voy por la salida de Coraje». Y muy pronto, posiblemente en un instante, estarás donde quieres estar.

Abraham-Hicks, autores de libros como *Ask and it's given* y *The Astonishing Power of Emotions*, tienen una teoría sobre la manifestación de lo que quieres que ellos llaman «los cohetes del deseo.»

La idea es que cada deseo consciente que tienes se proyecta hacia el cosmos como un cohete, y el universo está recogiendo tus deseos hasta que estés listo para cumplirlos. Me encanta esta idea. Pero aquí es donde se vuelve más convincente: también envías un cohete del deseo cada vez que experimentas algo que *no deseas*. Un suceso no deseado ocurre, y entonces deseas conscientemente —o inconscientemente— algo mejor, y zoom, ahí va otro cohete del deseo solicitando que te ocurra algo mejor.

Esta es una teoría espectacular —es muy liberadora—. Significa que toda experiencia es útil, que todo es progreso. Teniendo esto en mente puede ser profundamente reconfortante cuando las cosas se caen a pedazos. Así que ten en cuenta esto: cada emoción y experiencia no deseada que te encuentras es un deseo de algo mejor, y ese deseo está siendo escuchado. Sigue deseando, queriendo y aspirando. Te estás acercando a la verdadera alegría con cada deseo.

¿POR QUÉ APARTAMOS LOS BUENOS SENTIMIENTOS?

Nuestra especie, en general, se había acostumbrado al dolor y la adversidad a través de milenios de lucha… Estábamos evolucionando solo recientemente la capacidad de dejarnos sentir bien y de que las cosas vayan bien para cualquier periodo de tiempo significativo.

— Gay Hendricks, *El gran salto* (The big leap) —

Porque no nos sentimos dignos. Porque nos centramos en agradar a los demás en vez de a nosotros mismos. Porque queremos ser amados. Porque tratamos de ganar en el sistema de recompensa de otra persona. Porque se nos dice que no se nos suban los humos a la cabeza. Porque estamos en la premisa de que lo que los demás piensan realmente importa para nuestro bienestar.

Porque sentirse bien es sentirse vulnerable, y empezamos a temer que no durará. Porque los sentimientos positivos como la alegría, la felicidad, el gozo, la abundancia, entre otros, son muy, muy poderosos. Y este tipo de corriente energética puede sacudir nuestras estructuras emocionales —la alegría puede hacer que tu mente estalle—. Las emociones positivas también pueden ser una amenaza a la gente a nuestro alrededor que prefiere compañía miserable.

La alegría no encaja en el cuadro de la situación actual.

Libera tu felicidad (sabes que quieres).

¿Cómo van las cosas? *Bien. Sí, bien. Muy bien. Las cosas van muy bien.* Déjame preguntártelo de nuevo: ¿Cómo van las cosas?

¡Estupendamente! Ahora mismo parece que todo es una aventura. Se me acumulan las sincronicidades por todas partes. Tengo todo el dinero que necesito; de hecho, fluye bastante y es estable. Mi piel está radiante. Bailamos en la cocina la mayoría de las noches. El sexo está genial. Me río todos los días. Y en

serio, a veces, cuando sonrío a un extraño en el mercado noto cómo mi corazón se hincha. De hecho, te juro que sentí felicidad mientras volvía a casa del mercado el otro día. Sí. Fue una gozada.

¿Feliz? Pues entonces dilo.

Lo noto en mí misma, y lo veo en otras personas: la felicidad envuelve. Sentimos la chispa; en serio, lo hacemos. Nos sentimos ricos con gratitud, e incluso somos plenamente conscientes de que una sonrisa de verdad se cobijó en nuestras células. Pero incluso si de verdad tendemos a vivir en el lado luminoso de las cosas, no lo declaramos. Como lo explica la entrenadora Lianne Raymond, «Estamos a tope con la alegría porque la felicidad es una forma de poder».

¿Es esa la manera de tratar la felicidad? La felicidad es poder. La felicidad es la conciencia carbonatada. Quiere derramarse e irradiar y articularse. Y cada vez que minimizamos nuestra alegría confundimos nuestras sinapsis. Nuestro cerebro libera neuronas sonrientes y nuestra boca se ocupa de cortocircuitarlas. Aislar la felicidad adormece nuestros sentidos. Si los mantenemos demasiado tiempo bajo la superficie, puede que se quede ahí —una luz bajo un almud.

Debemos admitir nuestra satisfacción para que pueda crecer.

SABER CÓMO NOS SENTIMOS

Birds flying high, you know how I feel
Sun in the sky you know how I feel

— como la canta Nina Simone —

Un perfecto día de verano, iba caminando con una amiga por un campo de hierba alta. Era totalmente idílico. Incluso había un arroyo. *Hay algodón en abundancia y me siento genial*, me digo a mí misma.

Mi amiga acababa de dejar de tomar antidepresivos y medicamentos contra la ansiedad tras cinco años o más de estar tomando y dejándolos. Le estaba costando controlar sus sentimientos a estas alturas, sobre todo porque no los había sentido en mucho tiempo —le confundían—. «Entonces, ¿cómo te sientes estos días?», le pregunté. «La verdad es que no lo sé. Creo que siento cosas, pero no estoy segura de cómo llamarlas. No sé si esto es ira o tristeza, o si estoy sintiendo felicidad o que *quiero* sentirme feliz». Andamos en el silencio, en paz, gran parte de aquella tarde.

Tras haber estado adormecido un tiempo, sentirse desorientado es una reacción natural a medida que se vuelve a la normalidad. Es como despertar de la anestesia y no saber exactamente dónde estás.

Todos nos volvemos insensibles hasta cierto punto —evitando los sentimientos negativos que son dolorosos y aparentemente imposible de transmutar, o desviar los sentimientos positivos que parecen ajenos a nuestro sistema y que amenazan nuestras formas habituales de ser. Nos bebemos todo el vino, nos animamos, nos da el bajón. Nos pegamos a la televisión, nos distraemos yendo de compras, nos tomamos de aperitivo los chismes, permitimos que nuestras mentes cotorreen sucesivamente.

Pero cuando evitamos la mayor variedad y profundidad de los sentimientos a largo plazo permite que haya una forma de vida superficial y estrecha —en realidad, no permite que haya vida en absoluto—. Así que aumentando nuestra voluntad de sentir la gran variedad de nuestros sentimientos es una manera más segura para crear la curación.

---

* Canción *Feeling Good,* cantada también en español por varios autores: «Pájaros que vuelan alto, saben cómo me siento / sol en el cielo, sabes cómo me siento«.

ESTAR
COMPLETO
ES
HACER
ESPACIO

A LA VARIEDAD COMPLETA DE LAS EMOCIONES HUMANAS

Eso no quiere decir que estemos representando las emociones oscuras. Al contrario, una de las razones para estar al tanto de todos nuestros sentimientos es para que podamos ser deliberados acerca de cómo interpretamos las emociones en el mundo y en nuestro trabajo.

Tenemos que honrar la diversidad de nuestras emociones, respetar todos nuestros rostros, máscaras y sonidos —incluso lo oscuro—. *Ah, rabia, ahí estás de nuevo una vez más, enseñándome sobre la paz.*

Cuando puedes respetar la oscuridad dentro de ti sin tener viajes de culpabilidad, llegas a ser realmente libre.

Pero si, en vuestro miedo, buscárais solamente la paz y el placer del amor,
entonces, es mejor que cubráis vuestra desnudez y os alejéis de sus umbrales,
hacia un mundo sin primaveras donde reiréis, pero no con toda vuestra risa,
y lloraréis, pero no con todas vuestras lágrimas.

— Khalil Gibran —

ESTAMOS TODOS JUNTOS EN ESTO

A veces tenemos que aprender a sentir de nuevo. Esto es como volver a aprender un movimiento de baile que no practicaste en años, o volver a estudiar el idioma extranjero que no has hablado desde que dejaste el instituto. Tras un corazón quebrantado, un largo y perdurable compromiso o tras años consumiendo todo tipo de inhibidores de sentimientos, es hora de hacer un curso de repaso de la geometría de los sentimientos.

Por extraño que parezca, a pesar de que los sentimientos son una experiencia tan preciosamente privada, podemos volver a aprender a sentir bastante al observar a otras personas. Por esta razón tenemos que convertirnos en los inspectores del corazón. Al igual que nos fijamos en la ropa que lleva la gente, tenemos que ser más agudos al fijarnos en lo que están sintiendo —y preguntándoles al respecto—. *¿De dónde sacaste esa felicidad? Va muy bien con tus ojos. ¿Te sientes enfadado o triste, o es esta expresión facial solo un hábito? ¿Cómo es que estás de tan buen humor?*

Hay una técnica que se enseña en las clases de actuación para ponerse en contacto con tus propias emociones, así como el desarrollo de la empatía por las emociones de los demás. Cuando estás entre otras personas y las observas, en especial a los extranjeros, utilizas tus habilidades de observación para asimilar lo que ves y oyes, concretamente, y luego usar tu imaginación para inventarte cosas sobre quiénes son los extranjeros y qué es lo que quieren, lo que sienten, y dónde pueden estar yendo.

El gran don de los seres humanos es el poder de la empatía.

— Meryl Streep —

Sinead O'Connor me enseñó cómo estar enfadada de forma constructiva. El Coliseo PNE. Toronto. 1994. Repetición acústica. El escenario solo suyo. Camiseta blanca, minifalda escocesa, botas militares. «Este es el último día que nos veremos desde que nos conocemos… Me reuniré contigo luego en la oficina de alguien.» De manera tan suave y sincera. Y entonces ¡gemido, sacudida, wazam! «Hablaré pero no quieres escucharmeeeeeeee!» Gimió. Hizo su rasgueo agrietado final de guitarra, estrelló la guitarra contra el suelo, y con la misma agilidad con la que había entrado, abandonó el escenario. El público observó en silencio el escenario. Y entonces, la multitud se volvió loca.

Nunca había visto a una mujer canalizar rabia de manera tan limpia. La ira activa *tus circuitos de libertad*, pensé. Esa noche decidí renunciar a mi trabajo.

Una desconocida en un bar me habló sobre la depresión que paraliza. «Cuando estaba de pie, la distancia que había entre el suelo y yo era demasiado grande», me dijo. «Así que decidí que lo mejor era arrastrarme por la casa. Me alegraba que tuviésemos moqueta». Cuando nos conocimos, ella era una mujer radiante y de alto funcionamiento. Recordaba su historia durante mis propias noches oscuras. EL *resplandor volverá de nuevo, el resplandor volverá de nuevo.*

En una entrevista con Oprah, Goldie Hawn dijo que estaba siempre muy feliz porque «decidió serlo.» Cuando lo escuché, decidí tomar la misma decisión diariamente.

Busca grandes manifestaciones de fuerza vital por todas partes. Cuando estás despertando a la práctica deliberada de sentir más en tu vida, es útil buscar efusiones de emociones en el arte: la agonía de Edvard Munch *El grito;* el orgullo de los pétalos de flor negro-púrpuras de Georgia O'Keefe; los poemas de amor de Pablo Neruda; la «Oda a la Alegría» de Beethoven. Casca-corazones, todos ellos.

Sé curioso. Ven hacia la vida.

150+ SENTIMIENTOS POSITIVOS

a gusto

a salvo, protección

abierto de mente, apertura de mente

abierto, apertura

abundante, abundancia

abundante, abundancia, abundante

accesible,

aceptar, aceptación

adorable, adorado, adorar, adoración

afectuoso, afecto

afluente, afluencia

agradable

agradecido, agradecimiento,
    agradecer a

agradecido, gratitud

alegre, alegrar, alegrando

alegre, alegrar, alegría

alegría, dichoso, alegre

alimentado, alimentar, alimentación

amable, amabilidad

amistoso, amistad

amor, amante, amado, enamorado,
    precioso

amoroso , amor

animado, animando, ánimo

anticipación, anticipatorio, anticipando

apasionado

aprecio, apreciado, apreciativo

armonía, armonioso, armónico

arraigado, raíces, arraigo

asentado, instalándose

asombrado, asombroso, con asombro

asombroso, asombro, asombrado

atesoramiento, atesorado, tesoro

atractivo, atraer, atracción

atractivo, atraído

atraído hacia, atrayendo hacia

atrevido

audaz, audacia

auténtico, autenticidad

aventura, aventurero,
    aventurero/arriesgado,

beatífico

bendito, bendición

brillante, brillantez

caliente, calor, calentar, calentamiento

calma, calmante, calmado

capaz

celebración, de celebración, célebre

centrado, centrar

centrarse, centrado

cerca, cercanía

cierto, certeza

claro, claridad

cómodo, comodidad

cómodo, comodidad, cómodamente,

completo, cumplido, cumplimiento,
    plenitud

comprensión, entendido

conectado, conexión, conectividad

conexión a la tierra, estar en conexión
    con la tierra

confiado, confianza, confiar

conmovido, conmover

consciente, concienciación

considerado

contento, contento, contentamiento

corriente

creativo, creatividad, creando

curioso, curiosidad

de apoyo, apoyo, apoyado
de corazón abierto, corazón abierto
decisivo, decisión
deleitado, deleite, deleitoso
descansado, reposado
deseado, deseo, desear, deseoso
determinado, determinación
devoto, devoción
dinámico, dinamismo
disfrutando, disfrutado
dispuesto, disposición
dulce, dulzor
ecuanimidad
eficaz, efectivo, eficacia
elegante, elegancia
emoción, emocionante, emocionado
emocionante, emocionado
enamorado
encantado
encarnado, encarnando
energizado, energía, energético
entero, íntegro, holístico, integridad
entusiasmo, entusiasta, entusiasmado
entusiasta
entusiasta, entusiasmo
envalentonado
equilibrio, equilibrado
esperanzado, esperanza, esperar
espíritu, enérgico, espiritual,
    espiritualidad
espontáneo, espontaneidad
estático, éxtasis
estimar, estimado
eufórico, euforia
exquisito
exuberante
fabuloso, fabulosidad, espectacular
fácil, facilidad

facultado, facultando
fantástico, fantasía, fantástico
fascinación, fascinante, fascinado
feliz, felicidad
femenino, feminidad
festivo
fiable
fortuna, afortunado
fresco, frescura, refrescado
fuerte, fuerza, fortalecimiento, fortalecido
generoso, generosidad
gentil, gentileza
genuina, autenticidad
glamouroso, glamour
grácil, gracioso, elegante, agraciado
guía, guiado, guiando
hogar, en el hogar, hogareño
iluminado, iluminación, esclarecedor
iluminado, iluminador, iluminación
iluminar
importante, importancia
impulso
innovador, innovación, innovar
inquisitivo
inspiración, inspirador, inspirado
inspirado, inspiración, inspirador
integridad, integro, integrante
intento, intencionado, intención
interés, intereses, interesante
intrigado, intriga, intrigante
jubiloso, júbilo, alegría
juego, juguetón, jugar
justificado, justicia
liberación, liberado, liberal
libre, libertad, liberar
logro, logrado
luminoso, iluminado
luminoso, luminosidad, luminiscencia

luz, claridad, iluminado, iluminación, magia, mágico
maravilla, maravilloso, maravilloso
masculino, masculinidad
natural, naturaleza
nuevo, de nuevo
nutrido, nutritivo, nutrición
optimista, optimismo, optimista
opulento, opulencia
orgulloso, orgullo
pasión, apasionado
paz, pacífico, tranquilidad
placer, que da placer, placentero, solazado
poder, poderoso
positivo, positividad
propósito, con un propósito, a propósito
prosperidad, próspero, prosperar
real, realeza, regiamente
receptivo, recepción, receptividad, recibido
recibir
reconfortante
reconocer, reconocimiento
refrescado, refrescante, refrigerio
relajación, relajado, relajante
renovado, renovación
retenido
revitalizado, revitalizante, revitalización
rico, riquezas, riqueza
riqueza, rico
romántico, romance, romantizado
sagrado, lo sagrado

saludable, curación, curado, salud
santo, santidad
satisfacción, satisfecho, satisfactorio
seguro, garantía
seguro, seguridad
sensible
sensual, sensibilidad, sensibilizadas, sensualidad
sereno, serenidad
sexy, sexual, sensualidad, sexualidad
silencioso, quietud
sin límites, ilimitado
sin límites, ilimitado
sincero, sinceridad
sincero, sinceridad, sinceramente
sólido, solidez
tenacidad, tenaz
tierno, ternura
único, originalidad
unidad, unificada, unificador, unificación, unión
uno, unicidad
útil, utilidad
valiente, valor
valiente, valor
valor, valioso, valorando
vibración, vibrando
vibrante, vitalidad
vigorizar, vigorizado, dinamización
visto, viendo
vital, vitalidad, vitalizar
vivaz, vivacidad
vivo, viveza
vulnerable, vulnerabilidad

INTENCIONES Y METAS

Mensaje subliminal: Sentirse bien es la intención primaria.

¿METAS CON ALMA?

Vivir en un espíritu evolutivo significa participar con plena ambición
y sin ninguna reserva en la estructura del presente, y sin embargo dejar
marchar y fluir en una nueva estructura cuando haya llegado la hora.

— Erich Jantsch —

El término *meta* tiene muchas interpretaciones y provoca una amplia variedad
de reacciones —como vas a ver.

Encuesté la galaxia: **Dime, ¿qué piensas sobre la fijación de metas?**

Y esto es lo que algunos de vosotros, increíbles terrícolas, contestasteis:

- Escribo constantemente mis metas, pero no se me da bien elaborar
  un plan para cumplirlas.
- Me olvido de ello si me quedo atascado, pero continúo si mi deseo
  es suficientemente grande.
- Fijar metas es una puta mierda.
- Bien, ¡pero intimida un poco!
- Establecer metas puede ser bastante aterrador a veces, ya que esa palabra que empieza por «c» entra en juego (¡¡glup, compromiso !!).
- Me encanta fijar metas. Amo incluso más lograrlas. Me siento facultado y encendido cuando me pongo metas. ¡Me dan energía y me
  vigorizan!
- Confuso.
- Me encantan cuando son MEGA, atrevidas, y cuando tienen consecuencias inmediatas. (Por ejemplo, si no termino lo que me queda
  de certificación para mañana (incluso si tengo que quedarme despierto toda la noche) abandonaré mi negocio de orientación, por
  completo.) (Porque estuve aplazando durante un mes y soy totalmente capaz, ¡así que hazlo de una maldita vez!) También me gusta
  cuando son pequeñas y consistentes, como, por ejemplo, levan-
  tarme durante treinta días para ver el amanecer.
- El enfoque es la parte más importante. Cómo llegar allí en menor medida, pero las metas disponen un camino. Alterar el curso a lo largo
  del camino si es necesario, pero nunca perder de vista el enfoque.

- Me encanta establecer metas, pero seguirlas es un terreno pegajoso…
- Me parece inspirador. La idea de lo que puedo crear alimenta el poder y el impulso, y el plan crea acción.
- El truco es tener un programa —transforma los sueños en metas y estas en realidad, según mi experiencia.
- ¡Me encantan las METAS!
- Energizado.
- Genial, mientras esté preparado para alcanzarlas y sepa cómo quiero sentirme preparando y completando cada meta.
- Aterrorizado.
- Establecer metas es impresionante; ¡trabajar para alcanzarlas es otra cosa!
- No me gusta, pero enmarcarlas como visión y deseos sienta bien y luego asegurando la libertad del presente.
- Me gusta estar entre el tres por ciento de la población que lo hace y trabaja para obtenerlas.
- Las metas son como puntos de referencia para mí; identificarlas me pone en la dirección adecuada, y aunque no consiga alcanzarlas todas y cada una de ellas, simplemente ser capaz de verlas en el horizonte y en el panorama general de mi viaje me mantiene en línea y progresando.
- Lo detesto. Simplemente no sucede.
- Parece una carga «obligatoria» así que paré y reinó la libertad. Prefiero tener un enfoque y moverme en alineación con ello.
- Las metas son teóricas, los hábitos son reales —dando este último el resultado más fiable.
- Aburrido.
- Ambivalente. Si bien es una estructura necesaria, he visto a mucha gente transformar su «alcance de metas» en fanatismo del control… ¿«Oler las rosas» cuentan como una meta?
- Si no tengo metas, me siento perdido. Me alegro por las metas que se modifican o incluso que se abandonan mientras mi vida cambia, pero me gusta tener una dirección y algo en qué concentrarme.
- ¡Las ♥! Sin embargo, alcanzarlas es… lo que le delego al universo.
- Ya no estoy interesado en lograr nada. Siento que no vale la pena; está siempre ligada a la sensación de que tengo que llegar a ser alguien. He tenido suficiente.

- Como si fuera potencialmente limitante. Si estoy conmigo mismo, por completo, entonces estoy haciendo exactamente lo que quiero hacer, que es lo mejor que podría hacer para el cumplimiento de mi potencial. Es algo extraordinario en lo que inclinarse, y tan, tan liberador.

- Claustrofóbico.

- Últimamente he llegado a la conclusión… que ha cambiado literalmente mi vida… y es que… NUNCA SE TRATA DE LA META.

- ¡Puaj! ¡Bobadas! Prefiero tener una endodoncia.

- Meta es demasiado blando. Las metas requieren que piense y escriba en términos de resultados concretos y mensurables que quiero en una fecha específica a un coste «que no sobrepase». No es muy romántico. Nada sexy. Y me patean el trasero a menudo.

- Me resulta más fácil desde que empecé estableciendo metas cualitativas en vez de cuantitativas.

- Las metas se parecen un poco a las listas de tareas pendientes. ¡Mi resistencia se retuerce instintivamente, a pesar de que los hago yo!

- Me encanta. Me pongo cinco metas por día al igual que mi compañero de responsabilidad. Nos las mandamos por e-mail la noche anterior, y la noche siguiente contactamos el uno con el otro y nos aseguramos de que ambos las seguimos. Nuestras metas diarias están diseñadas para que nos acerquen a las que son semanales, mensuales y anuales.

- Asqueroso. Las odio —pero eso no quiere decir que no las establezca—. Trato de tener la mente abierta, de modo que si algo realmente increíble cambia el juego por completo, no estoy atrapado en una meta que ya no se aplica. Soy mucho más que una chica que se deja manejar por sus temores.

- Amo fijar metas. Me mantiene cuerdo —¡creación consciente!—. Fijo metas diarias cada mañana, metas semanales, mensuales, anuales, etc. Supongo que estoy loco.

- Debo encontrar la manera de combinar la energía yin y yang de la configuración de los pensamientos/metasintencionales… ¡ESO será la leche!

Me alegro de haber preguntado.

CÓMO ME RELACIONO CON LAS METAS

Necesito que mi conciencia me vigile para
que me proteja de mí mismo y poder llevar
como una corona en mi cabeza la honestidad
cuando entre en la tierra prometida.

— Dead Can Dance, «American Dreaming» —

Para mí, establecer metas me parece ligeramente absurdo, en cierto modo inspirador, no del todo bien, y posiblemente alucinante —todo a la vez—. Aquí hay una definición comúnmente entendida: «Una meta es algo que quieres de una manera determinada y por un tiempo determinado». Hmmm… No puedo pensar en nada que haya obtenido de la forma y en el momento determinado que yo quería.

He creado muchas cosas de las que estoy orgullosa. Por regla general, siento una profunda alegría. Me podrías clasificar fácilmente como ambiciosa, pero… rara vez he alcanzado mis «metas». **Fracasé intensamente** en muchas de ellas —ni siquiera llegué a alcanzar los números que esperaba, o llegar a ejecutar esa oportunidad de cambiar de carrera, o conseguir que esa relación en particular vuelva a su rumbo.

O, a lo largo del camino hacia mi destino, me hice una corrección de medio término completa y cambié mi meta original por algo mucho más satisfactorio. *Cambié de opinión, mejor quiero eso.*

Algunas veces alcancé una meta muuucho **más tarde de lo previsto**, y aunque la alcancé, me sentía como una perdedora por haber tardado tanto tiempo en hacerlo. (Generalmente siento que estoy de cinco a diez años atrasada en mis aspiraciones principales de vida. Todo lo que estoy logrando ahora, bueno, lo tendría que haber hecho antes de tener treinta y un años.)

Y luego estaban esas ocasiones trascendentales donde me las arreglaba para superexceder mis metas, en cuyo caso me sentía como una idiota por pensar a pequeña escala en primer lugar. *Debería haber pedido más.*

Tal vez mi ambivalencia hacia el establecimiento de metas es algo de la personalidad. Aunque quiero mucho en relación con la vida y mi carrera, en realidad no soy muy competitiva por naturaleza. Me inclino en confiar que todo sucede por una razón, y no creo en el destino —podría pasar cualquier cosa—. Tal vez es en parte por ser artista, o Géminis, o canadiense. O tal vez el establecimiento de metas es solo una construcción mental malvada ideada por los masones para asegurar la supervivencia de las naciones industrializadas. Ya, será *eso.*

Tras suficientes fracasos, cambios de ruta y victorias agradables, finalmente consideré la posibilidad de que mi resistencia a la fijación de metas no era por miedo, o pereza, o mezquindad (tengo un montón de defectos, pero estos no se encuentran entre los más grandes). Es la búsqueda de metas lo que sacó de mí lo que no estaba funcionando. Iba tras cosas —premios, privilegios, números— para demostrarme a mí misma, y plantearlo de tal manera que era agresiva. Demostrar agresividad —dos maneras infalibles para salir de mi zona del Alma.

Necesitas metas centradas en el Alma. Necesitas cumplir esas metas con formas de vida positivas.

Mensaje subliminal: Sentirse bien es la intención primaria.

Un deseo presupone la posibilidad de la acción necesaria para su logro;
una acción presupone una meta digna de ser alcanzada.

— Ayn Rand —

ACTUALMENTE, NO TENGO METAS FIJADAS

Más bien, tengo cosas que me encantaría que sucediesen. Tengo deseos. Y tengo intención de cumplirlos. Pero me he retirado casi por completo de perseguir las cosas. Me explico.

Para empezar, yo no administro mi negocio de acuerdo con metas mesurables. No tenemos metas hacia las que trabajamos. Hay montones de cosas hacia las que podría cuantificar y apuntar mis esfuerzos. Como el número de suscriptores a mi página web. Libros vendidos. Fans de Facebook. Ingresos trimestrales. Todos estos números impactan directamente en mi resultado —y, en ese sentido, en mi felicidad. Pero ellos no guían la nave. Lo que la guía es una intención fundamental singular: hacer cosas que hacerlas te siente bien.

Inequívocamente, quiero vender un montón de cosas. Soy una empresaria convencida. Quiero ser inmensamente útil. Quiero ser respetada y visible. Y quiero ser rica de forma saludable. Pero esos son los fantásticos resultados de mantenerme enfocada en mi razón de ser. Si pierdo lo significativo, entonces todo se convierte en una rutina mediocre.

NECESITAS QUE EL DESEO ESTÉ TOTALMENTE VIVO

NECESITAS UN ENFOQUE PARA CUMPLIR TUS DESEOS

Esto es lo que he aprendido por las malas, de manera inevitable:

SOLO QUIERO ALCANZAR MIS METAS SI TANTO APUNTAR COMO DAR EN EL BLANCO SIENTAN BIEN

¡Y mirad! Cuanto mejor me siento… mejor me siento, lo cual tiene un par de consecuencias increíblemente positivas: si no consigo lo que deseo, sigo de buen humor, o al menos puedo recuperarme de la decepción más rápido. Y, debido a que el universo es un lugar tan magnánimo y generoso, cuanto mejor me siento en el camino hacia mis logros, más éxito tengo en el plano material. Es así de simple: Cuanto más libre me siento, y más feliz estoy, más tengo que dar, más vendo, más ahorro y más puertas se abren.

Sentirse bien aumenta tu flexibilidad, resistencia, efectividad y magnetismo.

Sentirse bien a lo largo del camino no significa que te mates a trabajar para conseguir lo que deseas. Significa que mates gozosamente a trabajar. No te quejas acerca de lo que se necesita para hacer que las cosas sucedan. Haces el trabajo. Y a veces ese trabajo es aterrador y complicado e incluso agotador. Hacer ciclismo bajo una lluvia torrencial. Reescrituras en mitad de la noche. Luchar para abrir tu corazón tras haberlo cerrado de golpe. Honrar tu palabra cuando sería más conveniente cambiar de opinión. Cuando estás conectado al mayor propósito de una intención —honrando la llamada de tu corazón, y no solo demostrarte— y hay placer en el proceso, puedes llevar a cabo hazañas fascinantes.

Si eres infeliz cuando alcances tu meta, no es realmente una victoria. Si tengo que simplificarla, moderarla, o ampliarla para que atraiga a más gente, entonces no me interesa. Quiero estar emocionada. Quiero que me encante sentarme en el centro de mi plan de negocios, en el centro de mi *vida*. Y eso es lo que me mantiene, por decirlo de alguna manera, centrada.

Quiero sentirme bien más que comprobar los logros de mi lista.

Quiero sentirme bien más que complacer a otras personas.

Quiero sentirme bien más que lucir bien.

Todas las metas que solía establecer, en parte por el deseo de sentirme como una empresaria que mola, picoteaban mi tranquilidad mental y contribuían a mi ya profundamente arraigado complejo de nunca ser suficiente: lo suficientemente grande, lo suficientemente amorosa, suficientemente rica, suficientemente estratégica, suficientemente evolucionada, suficientemente popular.

Basta.

> Una meta no siempre se hace para ser alcanzada, a menudo sirve simplemente como objetivo.
>
> — Bruce Lee —

LAS METAS CON ALMA EXIGEN ALGO DE PRÁCTICA

Antes de unirme a las fuerzas creativas con Sounds True, la editorial de esta edición de *El mapa del deseo*, autoedité mi propia versión impresa. Llegó a mi casa tras estar en la imprenta justo a tiempo para celebrar la Navidad, que suele ser la época del año en la que empiezo un nuevo mapa deseo y hago mi establecimiento de intenciones. Durante años estuve haciendo el proceso por memoria en mi diario y ahora, tengo por fin un libro de mapas real y auténtico en mis manos. Pensé: Así *debe sentirse un arquitecto cuando entra en un edificio que diseñó*. Fue surrealista.

Tomando mi propia medicina. Salto hasta mi proceso: llego a la sección de «Intenciones» de *El libro de ejercicios del mapa del deseo*. Con mis sentimientos esenciales deseados en mente, escribí algunas metas para el año nuevo: *Llegar al millón en esto; conseguir un contrato para eso; lanzar esta gran cosa antes de una fecha que se acerca rápidamente*. Hice una lista de cosas realizables concretas grandes y gordas.

Y entonces, de inmediato, me sentí bastante estresada. Conozco demasiado bien este sentimiento —es el agarre de la fijación de meta—. (El mismo sentimiento del que estoy intentando ayudar a miles de personas a alejarse.) Me deslicé fuera de mi propio camino. Estaba en modo predeterminado de establecer metas fijas, y había ponderado mi lista de metas con metas basadas en profesiones. Doh.

Acurrucada en la cama con un té chai egipcio y mi propio libro del mapa del deseo, me reía en voz alta de mí misma. No había captado la maldita y magnífica idea de la cartografía del deseo. Que es esta: ir tras tus intenciones de manera que reflejen tus sentimientos esenciales deseados —que afirmen el Alma, y no que la succione—. El conseguir la meta en sí tiene que hacer que te sientas de la manera que más quieres sentirte.

Carreras continuas para tener éxito crean el establecimiento de metas habitual e inconscientemente. Tenemos que volver a aprender a movernos hacia nuestros sueños, con confianza y devoción bien situada.

Salto hasta el ritmo de mi Alma. La meta de «Haz X dólares en el proyecto X» cambió a «Transmite el mensaje a la mayor cantidad de gente posible. Crea liberación». «Lanza el proyecto Y antes de la primavera» se convirtió en « Haz el proyecto Y increíblemente hermoso. Lánzalo cuando creas que esté listo.» Sin fechas. Sin números. Sin estado. Tomé mis intenciones de carrera para el año y las puse debajo de las intenciones que establecí para mi crecimiento interior y relaciones.

Mis hombros se deslizaron hacia abajo. Sentí cómo mi cerebro recalentado era rociado. Me sentí *más suave*. Sentí que mi confianza en la vida volvía a mí. La confianza es crucial para crear metas con Alma. Sin números ni propósitos a los que aferrarse, tu corazón se convierte en el piloto —y de eso se trata, por supuesto.

OPCIONES LIBERADORAS

Cuando aún estaba inclinada a establecer metas cuantificables, como, «Conseguir diez curros este año», o, «llegar a un nuevo acuerdo para un libro», o «Llegar a los 100.000 suscriptores», y empecé simultáneamente a profundizar en la relación de mi compromiso con mis sentimientos esenciales deseados, entonces tuve que aprender el valor de decir «No, gracias» a algunas oportunidades. Como mi amiga Marie Forleo dice, me subí al Tren del No.

Comprometerse a sentirse bien significaba, por encima de todo, que tenía que dejar pasar algunas cosas que podrían haberme ayudado a alcanzar las metas que me propuse. Por ejemplo, se presenta la oportunidad de dar una charla posible en una conferencia. (*Recordatorio de meta: diez conferencias este año, ¡puedes hacerlo!*) Pero por una razón u otra no me parecía del todo bien, por lo que estaría entonces obligada a elegir entre sentirme bien o fallar en mi meta. Esa es una decisión difícil de hacer cuando estás comprometido con la felicidad *y* el logro.

Elegir lo que siente bien sobre la meta establecida siempre juega a mi favor. La pérdida de ingresos del curro que dejé pasar me encontró otro camino. La semana en la que habría asistido al evento habría sido la misma semana a la que más tarde me habrían invitado a hacer un gran viaje con amigos. Y quién lo habría dicho, cuando decidí elegir la meta en vez de la sensación de comodidad: cuando acepté la conferencia, los vuelos retrasados y las habitaciones de mierda del hotel tenían una manera de decirme lo que realmente era lo mejor para mí.

Dejar de establecer metas también me ayudó a dejar de lado viejas percepciones sobre lo que verdaderamente era «lo mejor para mí.» Dije que sí a cosas que parecían fuera de lugar para una gran soñadora como yo. Era una cuestión menos económica, pero sí sobre cómo sería de espiritual el cumplimiento del proyecto. Me salté mis propias reglas. Trabajé con personas de distintas industrias que no había considerado antes. Me tragué mi orgullo y ayudé donde se me necesitaba. Aprendí a abrazar verdaderamente la creencia de que todo saldría bien si seguía la sabiduría de mi corazón.

Cuanto más elegía mis sentimientos esenciales deseados sobre mis metas externas, más satisfecha me sentía. De hecho, esas decisiones que parecían tan difíciles de hacer en aquel momento (*necesito el dinero, sería buena publicidad, me pondrán verde si me niego*) me ayudaron a sobrepasar la satisfacción y cambiar para sentirme liberada y cargada creativamente.

Me convertí en una persona sin metas y con más alma. Y todas las cosas externas que quería hacer crecer, o bien crecieron (unas más bien despacio, otras impresionantemente más rápido), o bien murieron y dejaron paso a otras cosas mejores. ¿Y no es ese el ritmo natural de la vida? *El crecimiento, la muerte. Será, o no será. 50/50. ¿Quién sabe? Cualquier cosa puede pasar.*

Cuanto más honesta fui conmigo misma acerca de lo que anhelaba, menos necesarias parecían las metas. Por lo que ya no tengo más metas difíciles —al menos del tipo que puedes cuantificar—. Sin embargo, sí tengo deseos que consumen todo e intenciones que me impulsan diariamente —que están todos alineados con mis sentimientos esenciales deseados.

Y… Me centro en esas intenciones que están bien alineadas, como si estuviera en llamas. Lo veremos en un minuto.

Mensaje subliminal: Sentirse bien es la intención primaria.

ELIGE TUS PALABRAS

Visión, misión, deseos, propósitos, objetivos, aspiraciones, intenciones, metas.

Elige un término cuya fuerza de gravedad que tire de ti, pero que no te aplaste.

Parte de una relación sana con el logro material y actividades externas es el lenguaje que le das. Por lo que decido llamarlo «intenciones» en lugar de «metas». «Intención» me hace sentir como si estuviera motivada por dentro. Como si diese más poder que «visión». También hace sentir que es apropiado utilizar tanto en el contexto de la creación de sentimientos *y* el contexto de conseguir lo que quieres del mundo. *Tengo la intención de ser alegre. Tengo la intención de hacer senderismo por Machu Picchu. Tengo la intención de estar intensamente enamorada. Tengo la intención dimitir este año.* La intención funciona, por así decirlo.

Para los propósitos de *El mapa deseo*, voy a utilizar la frase «Intenciones y metas». Espero que ese ámbito sea relacionable para todos nosotros.

Pero a pesar de que el lenguaje es importante, no estoy, en última instancia, tan interesada en la terminología en torno a conseguir lograr las cosas como lo estoy en la energía de cómo vamos a lograrlo. Ten metas. Ten objetivos. Ten intenciones. Mide lo que quieras, con lo que quieras llamarlo, como te apetezca medirlo.

Simplemente estate en una relación adecuada con conseguir lo que quieres. Y con relación adecuada, me refiero a una relación en la que uno se siente muy bien la mayor parte del tiempo.

Mensaje subliminal: Sentirse bien es la intención primaria.

LA ESPECTACULAR BELLEZA DE LAS INTENCIONES Y LAS METAS

Las intenciones y las metas mantienen el espíritu humano.

Sin visión, perecemos.

— Proverbios —

Las intenciones y las metas te dan claridad, y la claridad te da paz mental.

No tenía ni idea, pero me di cuenta de que probablemente del treinta al cuarenta por ciento de mi capacidad intelectual fue abordada con las preguntas a las que no podía responder —porque no tenía dirección a la que ir. Cuando tuve claro hacia dónde quería ir exactamente, y de establecer los objetivos para llegar allí, mi mente se calmó.

— Chip Wilson, fundador de lululemon —

Las intenciones y las metas unen a la gente.

Puedes tener todo lo que quieras en la vida si ayudas a otras personas a conseguir lo que quieren.

— Zig Ziglar —

El acto mismo de perseguir intenciones y metas —las manifiestes o no— te ayuda a conocerte y a transformarte a ti mismo.

Establece un objetivo y, en pequeños y consistentes pasos, trabaja para alcanzarlo. Obtén el apoyo de tus compañeros cuando empieces a flaquear. Repite. Cambiarás.

— Seth Godin —

Las intenciones y el trabajo de establecimiento de metas para ayudarte a hacer las cosas.

1. Los objetivos dirigen la atención y el esfuerzo hacia actividades de objetivos relevantes y lejos de las actividades de objetivos irrelevantes.
2. Los objetivos tienen una función energizante. Estos crean esfuerzos.
3. Los objetivos afectan a la persistencia. Prolongan el esfuerzo.
4. Los objetivos nos reúnen para traer conocimientos y estrategias en tareas relevantes para el problema en cuestión.

— Edwin Locke y Gary Latham —

Cumplir tus intenciones y objetivos hará que te sientas placentero, gratificante, alentador, sexy, fortalecido, regenerado, comprensivo, iluminador, maravilloso, encantador, capacitado y generalmente de puta madre.

Mensaje subliminal: Sentirse bien es la intención primaria.

¿SIEMPRE QUIERES MÁS?
LO BUENO DE SER INSACIABLE

Conocerás al colega de tus sueños. Alcanzarás tus objetivos de ventas. Obtendrás la charla.

Y… querrás más. Un amor más profundo. Mayor beneficio. Mayor alcance. Siempre con ganas de más.

Y lo conseguirás.

Y entonces… ¡querrás más! La experiencia nueva, lo más de lo más, la próxima idea, el giro, el desafío. Más. Querer más no te hace necesitado o no agradable. (Bueno, a lo mejor lo eres, pero estoy aquí para hablar con toda tu Alma.) No eres vacuo, o rapaz, o excesivamente codicioso. Eres un Creador.

Si estás en tu borde creativo, querrás más continuamente. El verdadero deseo es completo… e insaciable. Es agradecido e incesante. Está presente y ve posibilidad por todas partes. Esta es la paradoja divina de creación intencional. Te encantará lo que tienes hoy con todo tu corazón, y estarás listo para tener más mañana. Y al día siguiente.

EL PROBLEMA CON LA BÚSQUEDA DE METAS RÍGIDAS

Las intenciones y las metas son herramientas para la liberación. Pero cuando utilizamos la búsqueda de estas como si fuese un martillo, puede darle una paliza a nuestra autoestima, nuestras relaciones y nuestra creatividad.

Si vas a establecer «metas antes de morir», entonces, bueno, que Dios te bendiga. Porque te estás configurando para no aflojar y pisotear espíritus para conseguir lo que quieres.

Gritarte metas a ti mismo ensordece tu verdad

La determinación fuera de lugar ahoga nuestras señales críticas —desde tus instintos, o desde las personas a tu alrededor que pueden ver de manera más objetiva—. Si te arrastras sí o sí, las advertencias de que ya es hora de cuidar de ti mismo o de cambiar de dirección pueden pasar totalmente desapercibidas hasta que el estruendo de la frustración o del cansancio llamen tu atención.

Perseguir metas sin sentido te agotará. Cuando vamos fervientemente tras los sueños que no nutren nuestro espíritu, estamos condenados a ir directamente hacia los problemas. Los trastornos de ansiedad, las traiciones, las rupturas que te pillan por sorpresa. Las metas con Alma que te darán energía, y cuando estás de camino avanzando hacia esos objetivos, la Vida seguirá lanzando sincronicidades en tu camino.

Al ego le encantan las metas como a un adicto a la comida le encanta el azúcar. Las metas nobles mejoran nuestra propia imagen. Grandes objetivos pueden hacernos sentir más grande, o incluso superior, a otros. Mi meta es mejor que el suyo. Pero al igual que no eres tus emociones, tampoco lo son tus objetivos. Estos pueden definir la trayectoria de tu vida, pero no son un reflejo de tu valor como ser humano.

Los objetivos estrictos son una ecuación ganar/perder. Son geniales cuando ganas, pero pueden devastarte cuando pierdes.

Las metas pueden perpetuar la sobreplanificación, y esto mata la magia y las posibilidades.

Mensaje subliminal: Sentirse bien es la intención primaria.

CREAR UNA RELACIÓN SALUDABLE CON INTENCIONES Y METAS

La base de una buena relación con las intenciones y las metas es tener en cuenta que la finalidad principal de establecer y trabajar hacia ellos es sentirnos de la manera que nosotros deseamos.

Las cosas externas que queremos tener, hacer y experimentar son objetivos secundarios, los cuales todos vuelven de nuevo al punto cósmico: experimentar tus sentimientos esenciales deseados.

NO CRITIQUES LO QUE QUIERES

Cuando desaparece la resistencia, desaparecen los demonios.

— Pema Chödrön —

Simplicidad o grandeza. Silencio o audacia. Mientras lo que persigas evoque tus sentimientos más deseados y sea un proceso gratificante, entonces vas por el buen camino con tu verdad interior.

Las intenciones y las metas con Alma no se tratan de austeridad o de querer menos. No necesitas aspirar a salvar el planeta o vender tus posesiones terrenales para estar en tu zona del Alma. Pero oye, si reducir te hace sentir reducción amplio, ¡entonces hazlo!

Y por el contrario, ir tras un nivel magnate de estado o fama no tiene por qué ser menos conmovedor para ti que querer rescatar personas o crear una organización benéfica. Si la fama y la fortuna son lo que hacen flotar tu barco, entonces súbete.

También hay que plantearse un punto acerca de juzgar las metas de otras personas. Estoy trabajando en ello yo misma en términos de compasión y tolerancia. He aquí lo que imagino: uno nunca puede saber las maquinaciones del Alma de otra persona —su karma, su dharma, su historia—. Tal vez están aprendiendo precisamente lo que necesitan para aprender en esta vida para autorrealizarse; puede que esté luchando para liberarse; tal vez sea un ser iluminado que ha venido para echarle leña al fuego y así poder aprender lo que es la compasión. Solo la vida lo sabe.

Volvamos a ti.

Si deseas la iluminación y un BMW, son tuyos por quererlos. Un amante que te embelesa. Tu propio espacio para hacer arte. Un puesto de trabajo seguro. Un Óscar. Una bicicleta nueva. La matrícula pagada. Vivienda económica. Revolucionar la asistencia sanitaria. Alimentos orgánicos. Un año sabático para viajar y un verdadero amigo que te acompañe. Un coche fiable. Una mascota. Un millón de dólares, neto. Pavimentos de madera dura. Dientes más blancos. Perdonar. Liderar una nación. Salir de la casa todos los días sintiéndote que tienes algo que dar al mundo.

Quiere lo que te siente bien querer.

Mensaje subliminal: Sentirse bien es la intención primaria.

SABER EL PRECIO DE TENERLO TODO

Las personas no son libres cuando hacen solo lo que quieren.
Las personas solo son libres cuando hacen lo que su ser profundo quiere.
¡Y cuesta llegar a conocer este ser profundo! Requiere bucear.

— DH Lawrence —

¿Podemos por favor reventar la ilusión de «tenerlo todo»? «Tenerlo todo» es la definición del éxito de otra persona.

¿Acaso necesitas todo? ¿Qué sucede si solo algo de eso es suficiente? ¿Qué pasa si tu idea de gozo no incluye los componentes tradicionales de «todo»? Por ejemplo, quizá no necesitas a alguien para sentirte completo y en su lugar aprecias realmente tu soltería. Tu vida de ensueño no tiene nada que ver con los suburbios, o la monogamia, o que tienen pechos que desafían la gravedad. Eres feliz viviendo de alquiler. Eres feliz teniendo un jefe que prepare la programación. No tienes obligación alguna de hacer más dinero del que necesitas para tener una vida modesta y un presupuesto mensual para libros nuevos.

La noción del tenerlo todo deja a muchos de nosotros al margen porque no lo queremos lo que «supuestamente queremos». (Aunque, para ser justos, muchos de nosotros que en realidad no queremos lo que «supuestamente queremos» somos, de hecho, tipos periféricos que, por tanto, somos generalmente felices estando en el borde.) Puede ser también muy perjudicial para las personas que van por la corriente principal, pero que en realidad desean desviarse de su curso —como la madre soltera en los suburbios a la que le gustaría salir con su mejor amigo: Sally.

La presión de tenerlo todo puede volverte loco cuando las cosas no son tan perfectas. Como le pasó a Missy, que me dijo: «Diablos, lo tenía todo, en el exterior. Mi negocio despegó, mi marido es un gran tipo, que tenía dos niños perfectos. Incluso tenía encimeras de cocina de mármol. Pero me emborrachaba en la despensa todas las tardes por la presión que sentía de tener que ser perfecta». Continuó: «¿Sabes? A veces quería aparecer en los paseos con las otras madres sin tener una gran actitud, o ir sin maquillaje, y que mi hijo fuese sucio, y solamente decir: "Señoras, esto es todo lo que puedo dar de mí hoy!"».

Missy tuvo una crisis que resultó ser un gran paso hacia adelante. Se mudó con su familia al campo, duplicó su negocio, y cuadruplicó su paz mental.

TODO LO QUE RELUCE

Tuve alguna que otra oportunidad de crear mi propio programa de televisión. Siempre me sentí ambivalente al respecto, a pesar de que tenía sentido que probase suerte con la televisión para mejorar mi carrera. Me encanta la comunicación masiva y la difusión de mi mierda. Y oye, tengo un armario lleno de zapatos estupendos —«debería» querer un programa—. Así que fui tras ello. Un productor de televisión intentó venderme la idea —no tuvo que esforzarse demasiado, puesto que yo ya estaba más o menos interesada en el tema—. «Podemos grabar a nivel local o puedes viajar a LA durante seis semanas seguidas. Te buscaremos una niñera. Podrás seguir teniendo tiempo para escribir. ¡Podrás tenerlo todo!»

Empecé a darme cuenta: los productores de televisión iban a entrenarme para crear tensión dramática. Iba a tener que usar Spanx durante seis semanas consecutivas. Y no me apetecía que mi hijo tuviese una niñera. Mi vida pasaría a ser radicalmente *programada*. Esto empezaba a sonar muy costoso.

«No creo que quiera hacer lo que se necesita para esto», tuve que confesar al final. «¿Pero no dijiste que lo querías todo?», dijo el productor. «Exposición, influencia, ser una gran jugadora en este espacio». Cebo… mordí el anzuelo. Todo eso era cierto.

«Bueno, supongo que solo quiero una parte», suspiré. «La parte que más me importaba».

Volví a casa de la reunión pensando, *Dios mío, creo que acabo de rechazar salir en un programa de televisión.* Y sentí una oleada momentánea de pánico, porque, mientras tenía cada vez más claro como era la vida que quería vivir, mi ambición creativa no estaba disminuyendo en lo más mínimo.

Conduje rápidamente hasta casa. En diez minutos mi hijo estaría esperándome en el patio de la escuela. Conclusión: iba a tener que encontrar otra manera de vivir en el tamaño de mis sueños.

DA PASO A TU ARTE

El arte ocurre durante la edición. Los escritores derraman ideas e imágenes y matices, pero no se convierte en arte hasta que esté bien tallado y pulido. Hay que matar a los personajes. El titular sexy tiene que quedarse a mitad de camino para que el corazón de la historia realmente pueda tomar la iniciativa. Todo músico ha tenido esa canción que les habría encantado incluir en su álbum, pero que estaría fuera de lugar y debía permanecer en la caja fuerte, al menos en esa ronda.

El artista entiende que la destrucción es parte de la expansión y está dispuesto a hacer lo que es mejor para la obra maestra.

Tu vida es tu obra de arte. Cuando tomas decisiones difíciles a favor de tu Alma, estás creando una obra maestra de tu existencia.

Para acercarte a tu Alma, puedes dejar:

✔ tu carrera por tu cordura
✔ la ciudad por el campo
✔ la facultad de derecho para irte de gira con tu grupo
✔ tu grupo para matricularte en la facultad de derecho
✔ tu seguridad para tu libertad
✔ tus neurosis por tu potencial
✔ tu sentido común por la emoción de todo

Algunas de las difíciles elecciones pueden parecer sacrificios al principio, hasta que te das cuenta de lo mucho que has ganado al hacerlas.

ADMITE TUS LIMITACIONES

Tienes límites.

Presupuestos.

Sensibilidades.

Cosas de salud.

Heridas emocionales.

Hijos, padres, familias.

Con unas pocas horas al día.

Cuando honras tus límites —en lugar de actuar como si no existiesen— disminuyes el estrés que seguramente te entrará cuando tus metas empiecen a probar tu realidad.

POR OTRA PARTE, A VECES TIENES QUE ELEVARTE POR ENCIMA DE TUS SUPUESTAS LIMITACIONES

Estoy a favor de los días de salud mental. Y de la dulzura. Y creo que el mundo debería tomar el mes de diciembre libre. Y por el amor de Dios, una semana de cuatro días laborales revolucionaría el espíritu humano colectivo y, por consiguiente, la atención médica.

Pero a veces, hay otra forma de autocuidado: hacer lo que sea necesario.

¿Te acaban de dejar? Ponte tus deportivas y a mover el cuerpo.

¿Resfriado? Ve a trabajar de todos modos, usando su jersey preferido.

¿Hasta las orejas de los plazos de entrega? Ve a animar a tu amigo. Ve al mercadillo solidario de pasteles. Llama a tu madre.

¿Llorar antes del espectáculo? Ponte algunas bolsas de té en los ojos. Haz una oración. Entra por la izquierda del escenario y…

DECIDE

Empuja. Sube el volumen. Endurécete. Endurécete más.
Prioriza de nuevo tus dolores y penas.
Infunde tus sensibilidades con valentía.
Dile al miedo que se vaya directamente al carajo.
Dedícate a hacer.

Hay razones justificadas por el Alma para cancelar.
Hay momentos en los que simplemente es necesario detenerse.
Este no es uno de ellos. Continua. Muéstrate. Totalmente.
A toda marcha. A todo gas.
Decide ser una de esas personas que consiguen sacarlo adelante.

Haz lo que dices que vas a hacer.
No nos decepciones.
Decide elevarte.

¿Por qué decidir elevarse?
No por las razones que crees.
De hecho, estas son las razones que te causarán que enfermes y te canses:
No crecer fuera de la obligación.
No crecer por miedo a las consecuencias.
No crecer porque crees que haciéndote el duro
serás más inteligente (por que no es así).

Decide crecer porque quieres expandirte —tu ser, tu vida,
tus posibilidades—. Decide crecer porque se supone que los superpoderes
deberían activarse y aplicarse en la vida cotidiana.

Decide crecer para explorar tu lugar en el universo.

CRECER

Al otro lado de decidir crecer está la iluminación, el éxtasis, la perspicacia.
Y el ángel de tu fuerza está ahí esperando, sonriendo, aplaudiendo,
con una copa de endorfinas para ti.
¡A beber!

Cuando trasciendes circunstancias, obtienes privilegios especiales.
Obtienes evidencia de que de hecho eres increíble, y prueba irrefutable
de que lo que importa es lo que eligen tu corazón y tu mente.

Y obtienes ese profundo saber de que la vida quiere que ganes.

Decide crecer.

Inclínate. Escucha. Atentamente.
Tu Alma está hablando, y dice,

¡LEVÁNTATE!
Te necesito.
Te quiero.
Yo soy tú.

Elígeme.

Inclínate.
Escucha.
Atentamente.

Decide crecer.

DESEOS CONFLICTIVOS

Digamos que eres una madre que trabaja a tiempo completo y que te sientes a menudo como si estuvieras en medio de necesidades que compiten —incluso sentimientos esenciales deseados que compiten—. (Voy a aventurarme aquí y declarar que no vas a encontrar una sola madre en el planeta que no esté relacionada con esto. De hecho, te presionarán para que encuentres un solo ser humano que no puede relacionarse en tener algunos deseos contradictorios.) A lo mejor eres el tipo de madre a la que realmente le encantaría tener una furgoneta llena de niños cantando, y, al mismo tiempo, sería igual de natural y gratificante para ti vivir sola y no ver a nadie en semanas. Esos escenarios ideales parecen diferir, ¿verdad?

La vida está llena de deseos circunstanciales que no encajan fácilmente. Cómo organizamos esas necesidades en conflicto es el acto de diseñar nuestras vidas.

Queremos construir un negocio y ser un atleta competitivo. Queremos fusionar nuestro ser con un amante y fortalecer nuestra propia identidad. Queremos ser padres leales y tener libertad sin límites. Por supuesto que queremos. Vas a tomar algunas decisiones difíciles para crear las circunstancias que quieres. Vas a ir sin ciertas cosas para tener más cosas de otro tipo —y valdrá la pena—. Vas a decepcionar a unas cuantas personas —lo cual está bien porque tendrás más amor para ponerlo donde tú quieras ponerlo—. Vas a balbucear prioridades, pero a lo largo del camino vas a crear tu propia versión de armonía. El tener y los hechos de tu vida pueden encontrar un ritmo, y este va a ser mucho más fácil de encontrar si estos están anclados a tus sentimientos esenciales deseados.

Así que la próxima pregunta obvia es: «Pero ¿qué pasa si mis sentimientos esenciales deseados parece que compiten?» Como, por ejemplo, la madre que quiere plenitud salvaje y serenidad. O alguien que quiere sentir la quietud y el atrevimiento, o la entrega y la determinación. Si sentimientos esenciales deseados contrastan fuertemente entre sí, tengo una respuesta no muy filosófica para ti: ¿Y qué? Eres un ser complejo, con capas y multifacético. Naturalmente, algunos de tus sentimientos esenciales deseados son muy diferentes y potencialmente opuestos. Eso no significa que tengas doble personalidad o estés condenado a una vida de sobrecarga de opciones. Solo significa que algunos de tus sentimientos esenciales deseados contrastan fuertemente entre sí —porque eres así de grande.

Te pondrás a cien de la manera que necesites. Llenarás tu vida con niños para alimentar tu deseo de plenitud luminosa y dos veces al año irás durante una semana a una cabaña en el bosque únicamente con una bolsa de arroz y tu diario. Harás lo necesario para sentirte de la manera que más deseas. Y es probable que cuando des un paso atrás para echarle una ojeada a tu vida, esta sea un mosaico de diversos tipos de prioridades caóticas y cambiantes. Puede ser abstracto, puede ser una fusión, puede ser posmoderno —pero será el arte de tu alma el que se exprese de todas las formas posibles.

Querer más para tu futuro no es una traición a tu presente o pasado.

Estás enamorado de algo
que te dirá quién eres.

— «Starlovers», Gus Gus —

A veces, soñar con más de lo que tenemos puede hacernos sentir como si estuviéramos traicionando nuestra realidad actual. Como si desear algo diferente significara que no estamos agradecidos de lo que tenemos. Como si anhelar un poco menos de esto, o un tono más brillante de eso, infravalorara lo que está delante de nosotros.

Mientras que puedes sentirte culpable por hacer lo necesario para lograr tus metas —hablaremos de esto dentro de poco— tus sueños reales y la culpa nunca deberían estar en la misma habitación. Son como las pinzas de los cables del puente que nunca quieres cruzar. Si grapas la culpa en tu terminal de sueño, tu deseo se freirá en una masa de confusión irreconocible, inservible y eléctrica.

«Lo quiero… pero me siento culpable por quererlo». Cables. Cruzados. Ni el universo ni tu psique tienen idea de qué hacer con ese mensaje mixto.

Reconoce tus deseos y preferencias emergentes sin colocar un viaje de culpabilidad sobre ti. Los deseos juzgados harán que tu potencialidad sea muy, muy cautelosa. Deseos reconocidos le susurran a tu potencial «Es hora de salir a la luz».

Probablemente te sentirás culpable. Tal vez fuiste criado en un ambiente donde el deseo es considerado como algo negativo. O tu círculo social refuerza el mensaje de que no debes atreverte a escapar constantemente. Y tal vez te sientes culpable con frecuencia por querer lo que quieres —y *sabes* que eso está causando que haya bloqueos en tu vida.

Entonces, ¿cómo vencer la culpa? ¿Cómo evitar la culpa por completo para que puedas ir a buscar lo que quieres? No puedes. Para nada. La culpa es parte del trato.

A medida que creas la vida de tus sueños, experimentarás culpa. Es parte de tener una conciencia; es la tensión en «tensión creativa».

Dejas a la persona que te dio tu primera gran oportunidad, porque te toca crecer. Dejas a tu niño con una niñera para tener tiempo para escribir. Dejas atrás la idea de éxito de tu madre.

Te desprendes de limitaciones heredadas. Vas a por más. Utilizas colores más brillantes. Vuelas más alto que ellos. Vas más lejos de lo que planeaste. Defraudas a alguien para que puedas elevar tu propósito de vida.

Te vas a sentir culpable. Respira. **La culpa asociada con seguir tu corazón es un peso que puedes soportar si tus deseos son lo suficientemente fuertes. Es el precio de la entrada a la plenitud.**

HAZ CAMBIOS SIN CRITICAR EL PASADO. TU FUTURO TE LO AGRADECERÁ

No es necesario que quemes el muelle cuando hagas zarpar tu barco. No hace falta que hables mal de cómo hiciste las cosas antes con el fin de hacer ahora las cosas de manera diferente. No hay necesidad de criticar el pasado con el fin de validar el futuro. Pues todos lo hacemos.

Nos fijamos en cómo nos sobrecargamos de trabajo, o como erramos el tiro, o todas las razones que ellos, tú, yo, nosotros nos quedamos cortos. Empezamos a reducir el valor del pasado para que justifiquemos la toma de un nuevo propósito, o anunciar, o dando el salto que nos impulsará en una nueva dirección.

Cogemos un buen ensayo sobre nuestros aprendizajes y logros en la vida, y escribimos en el margen notas en rojo de todo lo que podríamos haber echo de manera distinta. No solo menosprecias tus puntos fuertes cuando no respetas la forma en que llegaste a donde estás, sino que también sobrecargas tu proceso de transformación.

Cómo consideras tus influencias pasadas en cómo se desarrolla tu futuro. Hiciste lo que tenías que hacer en ese momento con lo que tenías para trabajar. ¡Gracias a Dios, alabado sea, aleluya! Ahora pasemos a la parte en la que experimentas un avance y te despiertas sabiendo más. No se trata de ser sensato, se trata de *saber más*. Y ahora sabes dónde quiere ir a continuación.

CUANDO DEJAS IR LAS METAS QUE YA NO TE SIRVEN

1. Cuando la búsqueda de las metas en sí se convierte en un rollo total

Una meta que ya no te sirve es una que no te hace sentir de la manera que tú quieres mientras vas tras ella. En lugar de sentirte iluminado y entusiasta, te sientes comprometido o incluso ligeramente avergonzado.

La fatiga no es lo mismo que sentirte comprometido por, o desconectado de tu objetivo. En cada viaje la fatiga aparecerá en algún momento y necesitarás descansar o cuidar de tus ampollas y dudas. No obstante, sigues comprometido y orgulloso de seguir en el juego. Es emocionante continuar.

Si sientes falsa excitación con lo que estás haciendo, entonces la intención original empieza a evaporarse y es hora de considerar tirar del enchufe.

2. Era el sueño de otra persona en primer lugar

Podemos heredar las ambiciones como heredamos el color de ojos y el tono de voz. A veces los sueños heredados son una parte perfecta del desarrollo de nuestro Alma. En una divina conveniencia nacemos en familias o culturas que tienen el negocio o estilo de vida justo para nosotros, porque es exactamente el mismo al que estamos llamados para vivir. Parece el ajuste perfecto.

Sin embargo, otras veces nuestros sueños van en contra de lo que está prescrito por la familia, cultura o comunidad. Así es cuando nos sentimos como la oveja negra cuya visión de la felicidad no tiene ningún parecido con la de donde venimos. Este escenario se vuelve trágico cuando la oveja negra de la familia pretende realmente ser como la oveja blanca de la familia.

Una manera profundamente simple para llegar a la verdad tras tus ambiciones es tener tu objetivo en mente y preguntarte, *¿Por qué quiero lo que quiero?* Pregúntate y respóndete esto cien veces si es necesario, hasta llegar al punto dulce ¡*ajá!*.

3. Estás tomando demasiado tiempo para llegar ahí y has estado ignorando las señales de *stop* durante mucho tiempo

Sí, hay momentos en los que no debes rendirte —luchar contra viento y marea— hasta tu último aliento. Y luego hay momentos en que es obvio para todos a tu alrededor que es el momento de superarlo de una vez.

Una historia: Un par de amigos míos, Louise y Lance, eran muy buenos amigos. Solo amigos —en la vida se besaron—. Se emborrachaban juntos en los conciertos, dormían en la misma tienda, intercambiaban regalos de Navidad. Lance tenía citas con otras personas. Louise estaba enamorada de Lance. Estaba más claro que el agua, todos sus amigos lo veían clarísimo.

Pasaron los años. Compañeros nuevos y vacaciones iban y venían. Y ya iba siendo hora de que Louise pasase finalmente de página. Pero decidió hacer una indirecta a Lance de última hora.

Este es el punto culminante de todas las comedias románticas, donde el protagonista decide ir a por ello: son las 4 de la mañana en una de las mejores bodas nunca vistas. Un cuantos de nosotros estamos estrujados en una mesa en la esquina, sudados de tanto bailar, emborrados por la cerveza barata y la unión. Cuando el DJ empieza a guardar su equipo, Louise y Lance son la única pareja bailando lentamente en la pista de baile. Todos miramos desde la esquina, intentando ser discretos.

«Cielos… sip.. va a hacerlo», dice uno del grupo. «Uh, porras. Esto no va a acabar muy bien» farfulla otro. Nos inclinamos, intentando leerles los labios.

En efecto, con el corazón en la mano y con el coraje Cabernet, Louise le propone. «¿Crees que tenemos una oportunidad de que pase algo entre nosotros?» Lance lo escucha. Él es uno de esos chicos buenos que sabe cuándo escuchar amablemente. Y luego, en voz baja, le dice: «Creo que si tenía que pasar… ya habría pasado». Bomba de la verdad. Lanzada suavemente.

Si tenía que pasar, ya habría pasado.

Incluso los sueños tienen fecha de caducidad

Estoy a favor de la fe feroz. Pero si te estás pasando un tiempo excesivamente largo tratando de desear, martillea, ten esperanza, empuja, y maniobra las cosas en una forma, tal vez es el momento de dirigir tu sueño en otra dirección. Si un cultivo no está creciendo, el agricultor no continúa malgastando agua y fertilizantes. Lo arranca, labra el suelo y planta un nuevo tipo de semilla.

Déjalos ir. Detén el proyecto. Cierra una etapa. Y toma el mismo anhelo de amor, o el cumplimiento creativo, o en efectivo excelente, y mira hacia adelante.

Aférrate al deseo esencial del sueño —ese sentimiento que quieres sentir cuando el sueño se ha cumplido—. Pero dejar ir el antiguo objetivo. Una nueva forma de satisfacción podría estar a la vuelta de la esquina.

Como lo fue para Louise. Siguió adelante con su vida. Y se enamoró de alguien que estaba locamente enamorado de ella —inmediatamente.

4. Terminaste de pelear

¿Conoces la historia del hombre que se golpeaba a sí mismo en la cabeza con un martillo? «¿Por qué sigues golpeándote con ese martillo?», le preguntó un transeúnte sorprendido. «Porque», respondió el hombre, «me sentiré muy bien cuando me detenga».

Examina la evidencia. Sigues luchando la misma pelea. Estás perdiendo horas de sueño. Estás harto de escucharte quejarte de las mismas malditas cosas una y otra vez (vociferas, martilleas, martilleas). No te queda ninguna fuerza para pelear. ¡Esto es hermoso! Cuando no tienes ninguna fuerza en ti para pelear, puedes dejar de luchar para que funcione —porque, claramente, luchar con ello no está mejorando las cosas.

Cuando dejamos de forcejear para hacer algo de la manera que queremos que sea, nuestra energía cambia. Nos rendimos a lo que es, aunque sea difícil, estamos dispuestos a enfrentarnos a los hechos —y nos hacemos más presentes.

El truco es dejar ir una meta porque seguimos adelante hacia algo más atractivo y positivo. Al igual que:

Voy a dejar de luchar con esto porque
quiero la paz más que nada.

Voy a dejar de empujar esto, porque
prefiero hacer algo que sea más fácil.

Voy a cambiar de opinión, porque
he pensado en otra cosa que es mucho más divertida de hacer.

Voy a cambiar mi enfoque, porque
creo que he encontrado una manera mucho mejor sobre cómo
obtener lo que quiero.

Estoy renunciando a la lucha porque quiero ser libre.

De esta manera nos alejamos de un sueño no porque estamos hartos o de-rrotados (incluso si esos sentimientos te llevaron a este punto en primer lugar), sino más bien porque nos estamos moviendo hacia otra cosa que queremos sentir más —estamos eligiendo lo ideal—. No estás huyendo o rechazando algo. En su lugar, tomaste la decisión de que tienes otras maravillosas cosas esperán-dote y vas a recogerlas de inmediato.

Buena suerte.

CORRE HACIA EL PLACER (NO HUYAS DEL DOLOR)

Sospecha de lo que quieres.

— Rumi —

Reputación o autosatisfacción. Lo que los Jones piensan o el mérito de tus propias inclinaciones. El destino o el viaje. Cuando se trata de la búsqueda del objetivo, estamos, o bien evitando el dolor, o bien buscando el placer.

EN BUSCA DEL PLACER

Cuando estás centrado en la recompensa de lo que estás haciendo, estás en el asiento del conductor de tu vida. Si la recompensa es sentirse poderoso, o tener la mejor cocina que el dinero pueda comprar, o un día libre para la salud mental, cuando tu intención está fija en seguir adelante, hacia el placer, estás asu-miendo toda la responsabilidad de llegar a donde quieres ir.

EVITANDO EL DOLOR

Los grandes motivadores basados en el temor de la naturaleza humana:

- ✔ Lo que los demás piensan de mí: *mejor hago lo que me hace quedar bien*.
- ✔ Lo que los demás quieren de mí: *mejor les doy lo que ellos esperan*.
- ✔ Lo que los demás pueden darme a mí: *mejor soy amable para conseguir lo que quiero.*
- ✔ Tus objetivos se basan en evitar el dolor cuando estás centrado en conseguir algo para que: no te pierdas; no te penalicen; ser atractivo para evitar que te humillen; no decepciones a la gente; puedas conseguir que la gente haga lo que tú quieres.

Por supuesto que hay razones impulsadas positivamente para no decepcionar a la gente. Pero el miedo tiene un don de aparecer alrededor de este tipo de consideraciones.

El problema de evitar el dolor es que su energía está siempre restringida, por lo que estás más tenso y confías menos. Y este tipo de estrés inhibe tu amor, tu creatividad y el acceso a tu Alma. Además, cuando has estado corriendo para evitar el látigo, cuando sí llegas a tu objetivo, será agridulce. Como bien dijo Lily Tomlin, «El problema con la competencia feroz es que incluso si ganas, sigue siendo una rata».

TRANSMISIÓN POSITIVA

Si tus opciones provocan un gran *¡sí!* a cualquiera de las siguientes preguntas, entonces estás eligiendo desde un lugar de verdadero poder creativo. Pruébate estas para ver el tamaño al pesar una decisión en particular:

- ✔ ¿Esto hace que me mueva hacia adelante?
- ✔ ¿Me siento más como yo?
- ✔ ¿Despeja esto el camino para que aparezcan más cosas buenas?
- ✔ ¿Dormiré tranquilo esta noche?
- ✔ ¿Estaría mi hijo [o abuela, o el mejor amigo] estar orgulloso de mí?

Reduce la velocidad y céntrate en ti para estar seguro de que estás siendo honesto contigo mismo para contestar a estas preguntas. Si te estás agarrando a cierto sueño, puedes pasar fácilmente como una brisa a través de algo como esto y engañarte. Con unos pocos minutos para sintonizarte contigo mismo, o para trabajar estas preguntas con un amigo de confianza, puedes hacer una gran diferencia en tu claridad.

ELIGE LA INSPIRACIÓN
EN VEZ DE LA MOTIVACIÓN

Como un pájaro con el ala rota
que ha viajado a través del viento durante años...
Duermo y mi corazón se queda despierto.

— Jorge Seferis —

Motivación: Corres 5 kilómetros para perder peso, mantenerte en forma, recaudar fondos para el cáncer. Tal vez para demostrar algo. Está en su lista de actividades. Has hecho una apuesta. Solo 2.5 kg más.

(Todas estas son buenas razones. El logro es emocionante.)

Inspiración: el estado de euforia del corredor. Mi cuerpo tiene simplemente que correr. Cuando corro, más cerca de la vida me siento.

Motivación: Escribes el libro, el blog, el folleto para elevar tu perfil y así poder vender más cosas, atender a más personas. Compones y empaquetas tus pensamientos. Mil palabras al día hasta que hayas cruzado la línea de meta.

(Todas estas razones son buenas. Terminar las cosas es una descarga de adrenalina.)

Inspiración: Tengo algo que decir que tiene que ser escuchado. Cuando escribo me siento más grande, más libre, como si la vida me estuviese poniendo a buen uso.

Parece que necesitamos motivación para lograr cosas. Es parte de la naturaleza humana. Normalmente hay mucha medición en el ámbito de la motivación. Listas de verificación y postes y marcadores y tal. A menudo hay un miedo a la pérdida involucrado. Estamos de servicio.

Todo esto es perfectamente natural. La motivación es útil, la necesitamos. Pero no es toda la historia.

Más allá de las líneas de meta y de un trabajo bien hecho, hay una llamada diferente: la inspiración.

La inspiración es magnética y progresiva. Está basada más en la cabeza que en el corazón. La motivación e inspiración tienen ambas lugares en nuestras vidas y en nuestra búsqueda de los deseos, pero la inspiración triunfa a la motivación y, de hecho, debería liderarla. La inspiración es una fuerza de creatividad completamente diferente.

El razonamiento de la inspiración no siempre puede razonarse, solo tienes que hacerlo. Es una fuente de energía. Saca tus «debería hacer» al campo sin cercar de la posibilidad. La inspiración y el deseo son como el rey y la reina. Y la motivación es su leal caballero.

¿Qué te está motivando? ¿Y lo que te está inspirando?
¿Qué te está empujando? ¿Qué está tirando de ti?

Sigue el tirón.
Es el primer paso hacia el vuelo.

Mensaje subliminal: Sentirse bien es la intención primaria.

LO QUE QUEREMOS HACER, TENER Y EXPERIMENTAR

Espacio para ser libre, alegría para irradiar, facilidad de ser yo, crear un flujo, amar para comenzar y comenzar y comenzar / Libertad / Paz mental / ¡Libertad! / Todo (Y un tazón de buda del pub de Bridgeport en PDX... pero tal vez eso es pedir demasiado) / Estar al sol con un bellini / Libertad financiera. Tener amor. Tener familia. / Libertad / Una buena noche de sueño. ¿Qué? ¡Tengo un bebé recién nacido! Algún día cuando haya dormido bien, quiero tener espacio (literal y figurativo) para escribir mi primera novela. / Amor / Que todas las almas de este planeta puedan vivir la vida que ellos quieran, y la libertad de elegir la paz / Calma / Experiencias / Ahora solo quiero libertad / Amor Amor Amor :-) / amor y calma / Paz / Ir a Disneylandia. Con las chicas. (Lo siento... eso es lo que realmente siento que quiero ahora mismo: encantamiento, amigos, y churros ridículamente caros. ¿Es tan malo? También quiero sensatez en el mundo y una cura para el cáncer. Pero hoy, Disneylandia me basta.) :) / Alegría interior profunda y un jet privado para llegar a la India más rápido en un par de semanas / En realidad nada que no tenga en abundancia / Un sí infinito / Tener la consciente tranquila / Paz al fin / ¡Sentir más alegría! Todo. Y nada. / Aventura y sabiduría / No tener secretos con aquellos que me importan / Congruencia / Alegría / Libertad / Amor / Grande y rápida respuesta: mudarme y vivir en Nuevo México / ¡ALEGRÍA! / Un bebé / Amor propio / Cuatro mil euros al mes, libertad total, estar rodeado de gente espiritual, un montón de visitas a mi página web, estima, respeto y reconocimiento de los demás. Y cambiar la vida de los demás. ¡Eso es todo lo que pido! ;) / Moverme hacia adelante / Viajar por el mundo, hablar a millones / LIBERTAD / Romance / Sentir la profundidad, la amplitud... la inmensidad... de mi propio ser... y saber que es Dios / ¡En este mismo momento quiero una asociación ridículamente caliente y comprensiva con mi amado, y un torbellino, placeres simples, viajes y aventuras con mi pequeña familia! ♥ ¡Gracias por preguntar! / Paz / Enseñar creatividad / Vivir la vida haciendo lo que estaba destinado a hacer... escribir libros y ayudar a personas y a sus animales / Creer que puedo crear mi vida exactamente como quiero... ahora mismo / Creer en mi núcleo... y no solo conceptualmente. Creer en ello como creo que puedo escribir o caminar o masticar los alimentos... tan profundo que es algo en lo que que no pueda concentrarme... ES SOLO LO QUE SOY. / Sostenibilidad. Necesito todos los aspectos de mi vida-trabajo, tareas, vida social, salud para que sean solo sostenibles. Tener una enfermedad crónica, y por tanto unos recursos energéticos limitados, estoy trabajando en descibrir una manera de hacer que todo sea más fácil de mantener/sostener. / Alma gemela / ¡Libertad! / Paz / Paz interior, paz externa... con la paz, todas las demás cosas no solo son posibles, sino que es simplemente un hecho / Energía / Conexión, tanto de los puntos (para los momentos vitales «¡Oh, ya veo!») y de las personas / ¡CONFIAR en todo momento de que estoy creando grandes cantidades de alegría y de abundancia en mi vida, y estar agradecido de dónde estoy en ESTE momento! / En un sentido más amplio, tener éxito en mi negocio mientras satisfago las necesidades creativas, motivando a los colegas y hacer el mundo mejor al mismo tiempo cada maldito día / Libertad (^_^) / El amor todo el día todos los días! / Libertad financiera, salud perfecta, mi pareja «perfecta» y en general momentos de diversión. ¿Solo puedo elegir una cosa? / Salud, alegría, amor, y sostenibilidad / Ser libre de las cadenas mentales / Que los últimos veintinueve días en mi trabajo pasen volando / ¡Ser recibido! / Amor propio / Simplificar / Abrazar plenamente lo que soy en este momento… énfasis en la palabra «plenamente» / Aceptar todas mis grandes peculiaridades… Con la cabeza en alto por lo que soy… ¡dejalo estar! / Paz interior / Un TRABAJO / Tengo paz interior y serenidad y comprensión. / ¡Qué mis chakras estén alineados! / Quiero ser increíblemente feliz, riendo sin parar en cada momento ♥ / Claridad. Propósito. Contribución. / Saber lo que realmente significa estar «presente» / Tener más tiempo con mi caballo. Enseñar yoga en la cárcel de mujeres. Terminar de amamantar a mis gemelos de once meses. / Balance, la claridad, y disfrutar de la cosas simples con más risas y no tanta perfección / Que me pongan de nuevo en el pedestal / Cambio positivo abundante para vivir mi pasión ♥ / Ser amado y aceptado por lo que soy / Paz / Claridad, propósito, epifanía, elocuencia y visión en mi escritura / Una vida con significado / Mi trabajo ideal enseñando, escribiendo, inspirando… / Hacer una diferencia / Dinero para pagar los medicamentos para el rechazo de trasplante para mi marido / Salud para mí y mi familia, relación con lo Divino, la libertad y la paz / Alegría / Una vida pacífica / Seguridad / Sentirme satisfecho y realizado / ¡Amor y felicidad! / El fin que empezará mi nuevo comienzo. (¿Me oyes, Universo?) ♥ / Ser totalmente yo / $$$ — Ya tengo amor, salud y una vida enormemente bendecida. Pero, quiero tener un negocio que mole tanto como el de mi marido. Es como un grande y delicioso desafio manifestar mi propia prosperidad separada de la que disfruto con mi relación. / Amor / Encontrar maneras de incluír entre mis actividades diarias, vacaciones, conversaciones y tiempo libre para ir en bicicleta / ¡Ver que mi saldo bancario CRECE, porque estoy reservando trabajos de actuación en películas y la televisión! / Claridad / Paz / Una salud vibrante para mantenerme a través de la segunda mitad de mi vida, porque parece que estoy empezando de cero / Lo suficiente / Romance / El cambio masivo es necesario. Ver la competencia feroz de Nueva York. Mudarme a un lugar en las montañas y así poder salir por la mañana a hacer senderismo o esquiar, y gastar el balance de la jornada de trabajo de manera creativa en cosas que llenen mi alma. Pasar las noches junto a mi marido y alma gemela frente a la chimenea. / El amor verdadero con una pareja increíble :) / Libre de la basura que me tira hacia abajo, que me retiene, y que en general se interpone en mi camino de vivir MI vida / Crear un IMPACTO.

ESFUERZO SINCERO, CONFIANZA Y FE

Confía en ti mismo.
Crea la clase de ser con quien serías feliz de vivir toda tu vida.

— Golda Meir —

FEROZ PERO FLEXIBLE. LA DUALIDAD DE LAS METAS CON ALMA

Todo importa. Nada es importante.

— Nietzsche —

Parecería que no hay nada más dicotómico que tener enfoque decidido mientras estás separado del resultado. Sostener estos dos conceptos opuestos a la vez en tu mente puede causar vértigo. Pero esta combinación de ambos es, en una especie de **determinación relajada**, la que funciona de maravilla para manifestar.

PRIMERO, DETERMINACIÓN ENFOCADA

Cuando se trata de hacer realidad tus intenciones y metas, tienes que enfocarte como una madre. Como una leona hambrienta con cachorros a los que alimentar, como un rayo láser puntiagudo, como un científico loco que sabe que la fórmula correcta sucederá con suficiente experimentación y concentración.

Nunca he visto a nadie que consiguiese algo fabuloso sin la capacidad de aprovechar toda su energía y canalizarla en una dirección durante un periodo prolongado de tiempo. Es por eso que se le llama el *poder* del enfoque. Los científicos del comportamiento no están escribiendo muchos artículos sobre el poder de la multitarea. Por el contrario, escuchamos mayormente sobre los efectos corrosivos que tienen de nuestra producción creativa el enfoque dividido y los malabares en la calidad.

TRES MANERAS DE CONCENTRARNOS

1. Conocer el *por qué* significativo detrás de ellas

¿Por qué haces lo que haces? No es solo para hacer dinero, conseguir hacer salir el producto por la puerta, o complacer a la gente. Ánclate en el motivo más verdadero y más significativo, que has establecido para cumplir la cosa particular en cuestión. En plan, lo estás haciendo para mejorar las condiciones de vida de otras personas, para aumentar la conciencia, para difundir el amor, para que tu hijo vaya al instituto de secundaria, y para sentirte bien, por supuesto, que a su vez, contribuye al bienestar de todo el mundo.

2. Sé muy consciente de tu hambre

¿Qué estás anhelando cuyo logro te alimentará? Tu respuesta a esto se relacionará directamente con tus sentimientos esenciales deseados. ¿Estás más preparado que nunca para sentir la libertad, o para experimentar tu fuerza, o para transformar algo feo en algo bonito? ¿Naciste para hacer esto? ¡¿Llegó tu hora, maldita sea?! ¿Te sientes frustrado y enojado en el mejor sentido? ¿Terminaste de tragar mierda, de tener un papel secundario, de dejar que otra persona dicte tu tiempo de vacaciones permitido? Bueno, ¡lo estás?!

Respirar profundamente. Recuperar la compostura. Bien. Si te irritas sobre por qué haces lo que estás haciendo, entonces no solo estás en contacto con el hambre, sino que también lo estás con tus instintos de supervivencia. Y vas a necesitarlos.

Tienes que tener hambre. Tienes que quererlo. Cuando solía hacer trabajo de estrategia con los empresarios, me di cuenta de que las personas que «no tienen que trabajar», o que consideraban que sus trabajos eran más un *hobby* que una necesidad, tenían tendencia a actuar más lentamente que los que necesitan trabajar para pagar el alquiler o que se sentían como si los hubiese convocado el Espíritu Santo para hacer su trabajo.

Quererlo tanto que puedas actuar convincentemente, como si lo necesitases.

3. Abre los ojos acerca de lo que hace falta para llevarlo a cabo

Si alguna vez hubo un término ampliamente abierto a malinterpretaciones, es este: «Sé realista». Hay que ser extremadamente particular acerca de la forma que interpretas y aplicas este término. Si aplicas el «pensamiento realista» a tus sueños, puedes terminar aplastándolos con una forma tonta de pensamiento «realista». Y no queremos que eso pase.

El inicio del proceso de intención de establecimiento es donde el pensamiento realista es realmente crucial. Primero, viene el gran sueño de tu corazón: «¡Voy a crear esto o lo otro de gran utilidad, porque el mundo lo necesita!» ¡Impresionante! Entonces, tu cerebro de gran utilidad debería entrar en el juego y preguntar, «¿Realmente… cuál es tu intención?» Y entonces estableces una: «Lanzar algo muy útil en esta fecha». Por lo que el realismo no debe aplicarse al tamaño o al alcance de tus intenciones y objetivos, sino más a la especificidad de su ejecución. Sueña como un águila, planea como un ratón.

Aquí es precisamente donde una gran cantidad de intenciones y objetivos van a la deriva. Aspiramos a conseguir cosas grandes —incluso puede que imaginemos el resultado con mucho detalle—, pero no somos capaces de imaginar con el mismo nivel de granularidad el duro trabajo y los sacrificios en otras áreas de nuestra vida que seguramente llegarán mientras nos dirijamos hacia nuestros objetivos. Llevar a cabo tu intención u objetivo podría exigir cualquier número de compromisos y sacrificios. Estar levantado al amanecer, perderte algunas fiestas de cumpleaños, optar por una vacaciones en casa en lugar de una escapada exótica. Ampollas y moretones. Trasnochar, sin gluten, sin televisión. Un largo viaje, una cuenta de ahorros menguante. La paciencia del Trabajo, el vigor de una máquina de vapor.

Suena divertido, ¿eh? Pero, en realidad, cuando te mueves en dirección de tus sueños, los sacrificios pueden ser agradable, porque no te sientes como si fueran sacrificios. Son como escalones. Vale, a veces parece que son escalones monumentalmente altos y que necesitas una escalera para pasar por encima de ellos, pero aún así, estás listo. Sin embargo, planificar las dificultades previsibles todo lo que puedas ayuda, de modo que cuando los conoces, no te echan demasiado fuera del curso.

Echarle una mirada honesta a la parte más difícil de la búsqueda de objetivos no va a arrastrar tu proceso o deflactar tu energía. Te va a ayudar a mantener tu psique aguda y tu espíritu fuerte.

ENTONCES, DISMINUYE LAS EXPECTATIVAS

He deseado que existiesen cosas con un intenso apego al resultado. Voluntad, voluntario, voluntariedad. Y si te hubieras atrevido a decirme (tú, alma valiente) en medio de mi voluntariedad que debo dejar de lado mis expectativas (¡oh!), me habría vuelto de piedra o me habría reído. Porque pensé que la expectativa era un ingrediente clave de la manifestación. Y resulta que puede ser una gran distracción de sentirse bien, lo cual, a su vez, se mete con lo que quieres manifestar. ¿Quién iba a saberlo?

Nombra una revista de estilo de vida de las mujeres importante. Nombra la que sea. Probablemente estuve en su oficina, llevando puestos mis mejores tacones, hablando sobre el significado de la Vida y cómo ser alguien que incie fuegos, apresurando mis ideas con la esperanza de algún tipo de cobertura.

Una reunión en particular fue, en mi mente, una apuesta increíblemente fuerte: «Si consigo esto, cambiará, en plan, la vida de mis nietos.» Aún no tengo nietos, solo grandes sueños. Perdí sueño por culpa de esa reunión pendiente. Recé, medité, trabajé con mi consejero espiritual, froté mis perlas Mala, propuse estrategias y agonizaba con mis locamente sexy y jodidamente destacadas hermanas de Alma. *Más lista que nunca.*

Me sentí tan distraída en la reunión por mi agenda subyacente, *Tengo, tengo que hacer que esto pase*, que no fui mi yo más radiante. Fui cautelosa y me porté bien. Y ese tipo de contracción siempre me deja con un mal sabor de mi boca, y un *si solo hubiese dicho…* inquietante.

Para mi sorpresa, cuando me fui de esa reunión, algo cambió en mí. Tuve una epifanía en Park Avenue. Me dije a mí misma: *No voy a volver a hacer eso. Así no. No tengo nada que perder, así que la próxima vez mostraré cómo soy realmente.* Mientras la adrenalina abandonaba mi sistema, estaba inundada con una especie de euforia de aceptación y alivio.

Y entonces lo entendí. **Establece expectativas, acepta la sinceridad.** Seguía concentrada en mis deseos, pero me solté mi agarre sobre el futuro, y me sentí increíblemente presente.

¿Intenciones? Por supuesto. Amo mis intenciones. ¿Objetivos? Hazlos si los necesitas. ¿Expectativas? No seas tan duras con ellas. Las expectativas reducen tu brillo y te tiran hacia abajo con preocupaciones y ecuaciones.

Expectativa de liberación es el nuevo negro. Estilízate.

ORACIÓN PARA RECUPERAR
A LOS ADICTOS A LA EXPECTACIÓN

Señor, Shiva, Saraswati, [inserta aquí tus propias deidades],
empuja mis cosas y condúceme donde sea mejor.

Sip, Jesús, vida, inteligencia cósmica, Reyes Magos de la Vía Láctea,
tomad el volante.

Sé que me cubrís la espalda.
Sé que sabéis la intensidad con la que quema mi corazón,
lo dulce que es la miel en el centro de mi centro,
cuánto soy capaz de hacer.
Y Dios sabe (ese eres tú)
lo dispuesto que estoy de colaborar contigo
para conseguir que sucedan cosas buenas.

Acepto mi vocación:
Aparecer y brillar.
Desplegado y honesto.
Determinado a ser solo lo que soy.

Estoy aquí para dar todo de mí.

Confío en que la intención pura cuente para el apoyo abundante.
Confío en que llegaremos a donde voy, juntos.
Y estoy aprendiendo a estar donde estoy.

Ahora iré a hacer mi arte.

Tengo fe en que tienes el resto cubierto.
El universo se configurará alrededor de mis mejores esfuerzos. De buena gana.
Solo puedo hacer lo que yo SOLO puedo hacer.

Haré eso.

Amén. Om Shanti. Shalom.

APARECE
BRILLA
DÉJALO IR

RESISTENCIA

Tu resistencia es señal
de que tu sistema se está reconfigurando hacia el éxito

— Todd Herman, thepeakathlete.com —

¿Alguna vez te preguntaste por qué te sientes oh-tan-bien dos días durante un nuevo régimen de entrenamiento, para sucumbir al letargo, a la baja autoestima, y con una bolsa llena de Fritos dos semanas después? ¡Todo iba tan bien! Estaba ahí para ganar, ¡y esta vez de verdad!

Entonces, ¿qué salió mal?

Tengo un amigo, Todd Herman, que es un entrenador de la psicología del deporte. En definitiva, un prestigioso *coach* que ayuda a la gente a ganar medallas olímpicas. (Y es una versión extrabuenorra de Dave Matthews. Estoy divagando...) Todd tiene una de las teorías más alentadoras y esclarecedoras de la resistencia que jamás he conocido. Y quién iba a decirlo, está respaldado por la ciencia.

LA BIOLOGÍA DEL CAMBIO

Como Todd me lo ha descrito, cuando representas algún cambio de estilo de vida significativamente positivo (nueva práctica de fitness, la ruptura de una relación tóxica, empezar un nuevo trabajo), tu cerebro inunda temporalmente tu cuerpo con los neurotransmisores que hacen que te sientas bien, como la serotonina y la dopamina. Es la forma en que tu cerebro te dice ¡choca esos cinco!

Las sustancias que te hacen feliz comienzan a segregarse, alimentando tus buenas intenciones con aparente energía ilimitada. Tus compromisos parecen fáciles. Esto va a ser más fácil de lo que pensaste. Lo tienes controlado.

Y entonces, en un acto cruel pero necesario de la naturaleza, el tren de la fiesta se detiene. Tus neurotransmisores colapsan de nuevo a sus niveles de producción normales (y menos mal, porque de lo contrario te volverías loco, en un sentido clínico literal). Y como un río caudaloso que se seca hasta convertirse en un chorrito, la ferocidad ra ra ra se disipa.

Ya conoces la progresión.

«Funciona así», explica Todd. «El primer día tienes toda esta energía y propulsión detrás de ti y estás emocionado. Vas al gimnasio. Entrenas. Te sientes genial. Llega el segundo día. Tienes las ruedas del tren en un movimiento hacia adelante. Vas otra vez. El tercer día, hay un poco de resistencia. La tensión comienza a acumularse y vas, pero no te sientes tan bien sobre ello. El cuarto día, es aún más difícil. No vas el quinto día. Y entonces… no hay más entrenamiento. Es por eso que a partir de la segunda semana de enero, los gimnasios están vacíos».

A estas alturas, sabías que los hábitos saludables les piden a tus células que alteren literalmente su forma. Y a ti te sienta como un tiro, fatal.

Pero en realidad, ¡a tus células les encanta! Están vibrando y cambiando, haciendo su propia forma de yoga. **Están transformándose para adaptarse a tus niveles recalibrados de endorfinas del humor positivo.** Solo necesitan un p-o-q-u-i-t-o más de tiempo para formar de nuevo para reformarse.

Esto es resistencia. Y es causada por la celebración. Esto quiere decir que los cambios están sucediendo.

«Tu cuerpo solo está sufriendo un cambio, y lo estás interpretando como positivo o negativo. Realmente, lo que deberías hacer es emocionarte por ello. El cambio que tiene que suceder para que tus nuevos hábitos adopten una forma se está arraigando. Se está arraigando dentro de tu cuerpo», dice Todd. «los primeros dieciséis días son la parte más difícil del viaje, pero después de eso, está chupado. No tenemos que pensar más en ello. Pasa de nuestra mente consciente a nuestro subconsciente, o la mente del hábito, donde pasa automáticamente para nosotros. Es como una ola de positividad que apenas empieza a inundarse hacia ti, pero qiue la mayoría de la gente no lo ve de inmediato. Eso pasa después».

Así que, en lugar de encerrar los nuevos hábitos cuando empiezan a parecer desagradables, tenemos que cambiar nuestra actitud y amar la resistencia que surge. Porque, si podemos abrirnos paso hacia el crecimiento acelerado de chorro incómodo de crecimiento entrega —dándoles a nuestras células el tiempo adecuado para ponerse al día con nuestras buenas intenciones—, ganamos un impulso prodigioso. Sigue así, hacia adelante.

Las cinco técnicas de Todd Herman para afrontar la resistencia **(con algún comentario de amor extra de mi parte)**:

1. Respira

Cuando sientas que la resistencia se acumula, detente y respira a través de ella. Animo a mis clientes de élite de fútbol a que vayan a clases de yoga por esta misma razón. Técnicas de respiración simples cambiarán tu juego en cada área de tu vida.

2. Agarra tu poder del pensamiento

¿Por qué promulgar este cambio de estilo de vida? ¿Cuál es el objetivo final? Elabora un poder del pensamiento que encapsule completamente el por qué estás haciendo lo que estás haciendo. Aférrate a ello como si fuese una balsa salvavidas.

Mi comentario: ¡Tus sentimientos esenciales deseados son tus pensamientos de poder!

3. Recuerda

«Estoy cambiando.» Con solo murmurar esas palabras —en voz alta, o en en voz baja— estarás anclado en la realidad. Es un gatillo. Tengo niños de trece años que utilizan ese gatillo. También tengo defensas de treinta y cinco años de edad en la Liga Nacional de Hockey que lo utilizan. Funciona.

4. Ensaya tu representación con anticipación

Es una manera poderosa de preparar tu mente para lo que quieres que pase. No redactes el resultado, es demasiado estresante, y hay demasiados factores fuera de tu control. Redacta el proceso. Redacta la actuación. Redacta la forma en la que te vas a sentir.

Mi comentario: ¡Hola! ¿Acaba de decir Todd Herman, el entrenador de atletas medalla de oro, «Redacta la forma en la que te vas a sentir»? Sí, sí lo hizo.

5. Mantén la redacción

Si tu vida es un texto, y eres el editor, puedes hacer pequeñas correcciones todos los días. Los editores no se reprenden a sí mismos cuando ven una errata —no desgarran todo el manuscrito y lo queman—. Simplemente lo corrigen, y siguen adelante. Siguiente borrador. La autoedición da poder.

Mi comentario: Como he dicho, feroz, pero flexible.

HAZ MENOS, CONSIGUE MÁS

El deseo es la absurdidad que mantiene abierta una infinidad de posibilidades.

— Wendy Farley, *The Wounding and Healing of Desire* —

En algún momento vas a pensar: «No quiero trabajar tan duro para conseguir lo que quiero.» (En el trabajo. En el amor. En la vida.) Será epifánico y demasiado adulto para ti. Será parte de convertirte en alguien más consciente y estar más informado de que el trabajo duro con el que estamos obsesionados como cultura está sobrevalorado. Será muy, muy liberador.

Elige: No *quiero trabajar tantas horas. No quiero tener tantas peleas sobre lo que no es correcto. No quiero conducir tantos kilómetros. No quiero preocuparme tanto, ensayar tanto, hacer tanto, ajetrear tan intensamente.*

Esto es bueno. Esto es muy bueno.

Pero después de la epifanía, nos dirigimos hacia un territorio peligroso. Es el terreno de contracción innecesaria de sueños.

Tu corazón dice: *Quiero hacer menos.*
Y tu cabeza dice: *Entonces tendrás menos.*

Tu espíritu dice: *Quiero luchar menos.*
Y tu cabeza dice: *Entonces más vale que te conformes con menos.*

Tu cuerpo dice: *Quiero más comodidad.*
Y tu cabeza dice: *Entonces prepárate para engordar.*

Tu intuición dice: *Puedo trabajar menos.*
Tu contador dice: *No abandones ese curro todavía.*

Creemos que si aminoramos el paso, la máquina de sueños se detendrá. O si dejamos de trabajar de forma tan exageradamente ardua, vamos a tener que prescindir. O si dejamos de procesar tanto, no conseguiremos el profundo amor que anhelamos.

La simplificación de lo que le das al mundo no significa que tengas que esperar menos a cambio. Puedes dejar el tiempo extra y el exceso de compensación y aun así obtener un aumento de sueldo. Puedes dejar de tratar de ser el hombre más maravilloso en la sala y seguir atrayendo a la mujer adecuada. Puedes relajarte contigo mismo sin que tus sueños encojan.

El cosmos no mide el sudor y las horas para la recompensa.

El cosmos paga con la moneda de la emoción. Cuando nos sentimos bien, la bondad fluye. Eso significa que, si relajarse un poco (o mucho) te ayuda a sentirte más feliz y más realizado, el universo te ayudará a llevarlo a cabo.

Trabaja con más sencillez y obtendrás mejores resultados.

Quéjate menos y las cosas se solucionarán por sí solas.

Piensa menos y sé más creativo.

Trabaja menos horas y obtén una mayor rentabilidad.

Trapichea menos y vende más.

Presiona menos y obtén más.

CONFIANZA

Somos el deseo. Es la esencia del alma humana, el secreto de nuestra
existencia. Absolutamente nada de la grandeza humana se cumple
sin la confianza. Ninguna sinfonía fue compuesta, ni montaña ascendida,
ni injusticia luchada, ni amor sufrido, fuera del deseo. El deseo alimenta
nuestra búsqueda de la vida que preciamos.

— John Elderidge —

Antes de una gran conferencia o una oportunidad sobrealimentada, hago un
ritual de confianza conmigo misma. Empecé a hacerlo en los aviones para enfriar
mi mente después de que mis «tuercas estratégicas» estuvieran funcionando un
tiempo. Muchas veces estamos tan ocupados tratando de conseguir cosas que
nuestras endorfinas se disparan *¡para ir a por ellas!*, que podemos olvidar que simplemente sentirse confortado es un estado de ser muy poderoso y útil.

A veces, el hecho de la cuestión es que no confías plenamente en que algo
va a trabajar en tu favor. Tienes dudas, estás ansioso, tienes razones para ser
cauteloso —y que vas a serlo de todos modos—. Esta es la definición de valor.
Y será más fácil que vayas con valentía si ya estás anclado a lo que ya está funcionando en tu vida.

PAUTAS PARA CREAR
UNA LISTA «EN LO QUE CONFÍO»

1. Céntrate en el presente

El objetivo de este ejercicio es tener acceso a la confianza que vive dentro
de ti. Inquebrantable. Verificable multidimensionalmente. Es cierto para ti. No se
trata de generar una confianza nueva, o de visualizar resultados, o de afirmar tu
camino hacia el pensamiento positivo. Nos estamos concentrando en el ahora
que ya se está funcionando.

2. Escríbelo a mano

Es importante que tu Lista de lo que Confío esté escrita a mano, y no a ordenador. El movimiento, la mano con la visión ayudará a tu psique a estar realmente cómodo. Imagina que tu mente es como un pulmón, inhalando y exhalando… cómo explicas todo lo que sabes que es verdad. Ahhhh.

Y/o…

3. Háblalo

Si eres un audioalumno, háblalo. Deja un mensaje en el contestador, o graba una nota de voz en tu móvil, o habla contigo mismo. Amablemente.

4. Transmite tu conciencia

Simplemente deja que se derrame — pero, de nuevo, no incluyas en tu lista de cosas lo que no confías plenamente. Está bien si tu lista es corta —la brevedad es mejor que la bravuconería—. Podría ser una palabra, si eso es lo que es cierto. Podría ser de seis páginas, si eso es lo que es real para ti.

Confío en mi amor por mi amorcito. Confío en mi integridad. Confío en lo mucho que mi madre me ama. Confío en que mis guías velan por mí. Confío en que él estará allí cuando llame. Confío en que siempre hay otra idea. Confío en que siempre puedo conseguir un trabajo. Confío en que mi coche estará allí cuando regrese.

5. Sé muy obvio si necesitas serlo

Nada es demasiado grande o demasiado pequeño para confiar en ello. A veces las cosas más básicas y primordiales te dará impulso, especialmente si estás teniendo dificultades para pensar en las cosas en las que confías plenamente.

Confío en que mi próximo aliento seguirá viniendo. Confío en que el sol saldrá mañana. Confío en que Sparky meneará su cola cuando entre por la puerta. Confío en que la nieve se derretirá.

Confía ahora.

Confía en el Ahora.

Accede conscientemente a lo que sabes que es positivamente cierto. Y esa seguridad te ayudará a fortalecer el puente que estás construyendo para lo que viene.

ORACIÓN Y SINCRONIZACIÓN

Solía rezar para sudar sangre cuando era una niña pequeña. Dramático, ya lo sé. Era una colegiala católica, una hija única. Alquilábamos una pequeña casa en un pueblo pequeño, y mis padres eran jóvenes y a la última, y en general me dejaban hacer lo que quería. El *headspace* liberal en casa, hectáreas de campos de trigo para explorar sola, y un Jesús, María y José diarios en la escuela crearon el ambiente perfecto para que me convirtiera en la silenciosamente intensa mini-fanática religiosa que era. En un momento dado, utilicé los rincones de mi estantería para crear un hogar para Barbie y para la Virgen María. Un diván con estampado de leopardo *y* un rosario. Celestial, en realidad.

Rezaba. Rezaba todo el tiempo. Recé a San Antonio, el santo patrono de las cosas perdidas, para que me ayudase a encontrar mi pulsera de plata en las vías del ferrocarril. Recé a san Cristóbal para que mantuviese a mi padre a salvo cuando iba al trabajo. Recé a María para que me ayudase a ver hadas en el bosque. Recé para tener estigmas y poder demostrar que estaba en el equipo de Jesús.

En 1.º de la E.S.O. me propuse convertirme en una paje legislativa en el Parlamento canadiense. Entre las edades de trece y quince años los pajes son los chicos de los recados en el Senado. En consonancia con la pompa y circunstancia de la Commonwealth, los pajes siguen procedimientos conductuales meticulosos, visten con uniformes negros (¡bonus!), y reciben tutoría privada durante su estancia. Cientos de niños se presentan por el honor, y menos de veinte son seleccionados. Yo nunca había deseado nada tanto en mi absurda vida.

Así que me apresuré. Escribí ensayos de entrada y conseguí cartas de recomendación. Y aumenté la apuesta de la oración. El padre Flynn nos había contado la historia de Cristo en el huerto de Getsemaní, y me había impresionado enormemente. Jesús había orado con tanto fervor y devoción que había sudado realmente sangre. ¡Fenomenal! Probaría mi destreza orando para lograr esta hazaña a yo misma.

Así bajo mi cartel *Xanadu* y un cabecero cubierto de pegatinas de unicornios, me acosté en la cama todas las noches durante semanas y lo di todo. Como si la oración fuese helio y mi piel un globo, traté de flotar con devoción pura. Dentro de ese contenedor de anhelo, suplicaba al Señor que *Por favor me convirtiese en paje* y que haría que se sintiese orgulloso de mí. *Por favor Dios, por favor Dios, por favor Dios. Por favor. Por favor, por favor, porfaaaaa.*

Bueno, lo más que pude manifestar físicamente fueron manos húmedas. Ni una sola gota de sangre. Había fracasado.

Sin embargo, a pesar de mi incapacidad para sangrar con bendición, me concedieron un puesto como paje legislativo durante el verano. Tras eso, marqué de nuevo mi programa de oración. Claramente, una buena carta de presentación y rogarle a Dios fueron suficientes para sacarme de ese pequeño pueblo.

La dignidad del deseo

Sumérgete en el fino aire de esperanza
añóralo
como las raíces del árbol excavar en busca
de agua

no finjas
que no lo necesitas

lo necesitas

pero no esperes que sea
como la película proyectada
en la pantalla
de tu cráneo

su trabajo no es encontrarlo
sólo permitete
encontrarte

para encontrar la fuerza
para mendigar
el amor.

— Samantha Reynolds, bentlily.com —

Mi relación con la oración se transformó en paralelo con mi relación con la vida. Mi nombre para Dios ha cambiado. Mi ubicación de Dios ha cambiado. Mi capacidad de sentir a Dios ha cambiado. Solía llamarlo de una forma, ahora lo llamo Vida. Lo que solía ver como peldaños en una escalera, ahora lo veo como un holograma. Lo que solía ver como algo externo, ahora veo que está por todas partes. *Dios* sigue siendo terminología útil para mí. Pero es mucho más vasto de lo que me hicieron creer en la escuela católica.

Como mi percepción de la Divinidad cambió, o concretamente, como se expandió, me di cuenta de que me empezaba a sentir incómoda rezando. Esto fue realmente inquietante. Parte de la incomodidad provenía de esta cuestión: Si creía que Dios estaba en todas partes, entonces, ¿a quién le estaba rezando? Si creía que mi verdadera naturaleza búdica era la alegría, entonces ¿para qué necesitaba rezar? Si creía que todo era progreso, entonces ¿por qué me molestaba en rezar?

Esto era un enigma, por supuesto, porque no me quería sentir más sola en el universo como me sentía en los peores momentos, y ciertamente me venía bien que alguien en el exterior tirase de las cuerdas cósmicas para mí.

Dejé de solicitar y comencé a declarar. Fui a un ayuno de solicitud. No pedía nada directamente de la Vida, y cesé de tener conversaciones de oración. Más o menos al mismo tiempo, también dejé de meditar oficialmente. Intencionalmente. No como cuando no vas al gimnasio una semana y luego pasa un mes, no ese tipo de detención lenta. Realmente declaré que no iba a sentarme más en posición de loto o coger mis perlas Mala, u observar mi respiración para, bueno, tal vez, para siempre.

Había renunciado a la religión organizada para sentirme libre, y mi meditación práctica —que para empezar no había sido tan agotadora— había comenzado a sentirse como otra cosa más por hacer. La meditación se había convertido en una misión para pulir mi conciencia, contar mis mantras: lograr.

Así que ahí estaba yo. Sin rezar. Sin meditar. Y me preocupé sinceramente de que podría derivar tan lejos de mi Alma que alguien experto en estos asuntos, como un chamán o curandero peruano, tendría que llevarme de nuevo a la orilla. Y me desvié… pero en realidad más cerca de mi Alma. Derecha hacia la orilla del deseo.

Como ya no podía mirar al cielo y pedir cosas, y yo no tenía la meditación para despejar mi cabeza —pero seguía teniendo muchas ganas de conseguir lo que quería, y sentirme generalmente tranquila sobre conseguirlo—, cogí la costumbre de hacer declaraciones. *Bueno, Vida, esto es de lo que estoy segura: quiero que esto funcione. Quiero sentir alegría. Quiero sentirme mejor de lo que me siento en este momento. Quiero ser supercreativa. Sí, realmente quiero eso.*

Declaraciones de deseo.

Cambié de pedir a recibir algo, y esperando que sería concedido, simplemente *declarar* mi deseo con total honestidad. Me sumergí en el querer, no en el pedir, no en la súplica, no en el esfuerzo, solo el muy puro querer. Era de lo único que podía verificar. Era de lo único que podía estar segura.

Nos quedamos solos yo, y mi deseo, y el universo —en terreno común—. No una jerarquía, no un juego de la espera, no una cuestión de buen comportamiento, o karma, o la ley de la atracción. Y esta creencia firme: que la Vida quiere que tenga lo que yo realmente quiero —en todos los sentidos—. Y me di cuenta de una cosa: mi *deseo* es mi oración.

El deseo te une con Dios, con la Vida.

Con el tiempo empecé a meditar de nuevo, pero con una relación más clara: para la comodidad de la unicidad, por el don de la vista, para interrumpir hábitos. Para poder servir con mis pensamientos y energía. Y para **la sintonía** con mi verdadera naturaleza y todo lo que es. Por la sintonización del hogar, que es donde más deseo de estar.

Que podamos servir con mucho fuego, mucho corazón,
mucho deseo, y mucha oración.

— Ronna Detrick —

TU DESEO ES UNA ORACIÓN

LAS AFIRMACIONES PUEDEN PERJUDICARTE

Las afirmaciones son como gritar que estás bien con el fin de superar
este susurro de que no lo estás. Es un gran contraste
revelar realmente el susurro, dándote cuenta de que es un recuerdo pasajero,
y acercándote a todos esos miedos y todas esas sensaciones nerviosas
de que tal vez no estás bien. Bueno, no importa. Ninguno de nosotros está
bien y todos nosotros se encuentra bien. No se trata de solo una manera.
Estamos caminando, hablando de paradojas.

— Pema Chödrön, *Start Where You Are* —

Si vas a afirmar algo, afirma la verdad.
Luego ve a hacer algo al respecto.

— Jim Rohn —

Me hice mayor de edad en la Nueva Era de los años 90. Tenía tarjetas de afirmación antes de tarjetas de visita. Y traté de amar las afirmaciones, en serio, lo hice. Pero las afirmaciones no me hicieron ningún favor. Cuando mi boca estaba diciendo: «¡Soy audaz y valiente!» Mi cerebro pensaba: «Estoy acojonada». De manera que no solo sigo sintiendo miedo, sino que también me sentí como una falsa.

Si dices que todo va bien cuando no es así, o que eres flaco cuando te sientes gordo, o que estás sano cuando estás enfermo, bueno, negando lo obvio, estás mintiéndote a ti mismo. El autoengaño crea una disonancia cognitiva, de manera que, a pesar de las expresiones de resonancia positiva, está creando tensión interna y los conflictos.

Afirmaciones artificiales te sacan del presente. En lugar de estar cara a cara con lo que es real, tratamos de escayolar con pensamientos felices las verdades difíciles. Esto es optimismo falso y es perjudicial. Socava nuestra capacidad para estar con lo que es y para acceder a nuestra fuerza verdadera y madurez espiritual. La madurez espiritual incluye la capacidad de reconocer nuestros miedos, manteniendo nuestra confianza y fe.

Las afirmaciones se han convertido en una herramienta para la gestión de miedo más que el proceso más productivo del análisis del miedo, o como Pema Chödrön dice, «descubriendo el susurro… acercándose a todos esos miedos». El miedo es natural y merece respeto y compasión —no insultes tu miedo asfixiándolo con afirmaciones sacarinas. Ten miedo. Y… sé valiente.

La investigación científica demuestra que el pensamiento positivo y las palabras afirmativas funcionan. Ningún argumento. ¿Necesitamos palabras de ánimo? ¡Oh, sí! ¿Eres la mejor persona para entrenar a ti mismo a través de la desesperación? ¡Pues claro que sí! ¿Queremos poner fin a nuestro sufrimiento y volver a la felicidad sin límites y a la conciencia infinita? ¡Sí, sí queremos! ¿Debemos hablarnos a nosotros mismos a través de él? ¡Abso-luta-mente!

Así pues, di la verdad. Afirma tu deseo. Declara tus intenciones. Recuerda tus éxitos. Tu psique te creerá. Tu cuerpo te sentirá. Tu Alma te agradecerá la comunicación directa.

Tienes una reunión importante. Tienes miedo. Realmente quieres que vaya bien.

Mírate en el espejo y di la verdad: *Me da miedo. Realmente quiero que esto vaya bien. Lo que más deseo es sentirme energizado, creativo, sentir liderazgo y amor*. Hasta ahora, tu subconsciente confía en ti. Sientes integridad contigo mismo. Esto es realmente útil.

Ahora bien, si realmente deseas conseguir energía, **declara algunas creencias**: *Creo en la bondad de la humanidad. Tengo lo que hay que tener. Tengo las mejores intenciones y estoy lleno de ideas creativas*.

Sigue así. Expón algunos hechos, algunas pruebas de tu grandeza, **recuerda tus éxitos**: *Dí en el clavo la vez pasada. Gané el concurso de debate. Di el mejor discurso de boda que jamás había oído. El equipo elogió mi última ronda de ideas*.

Hay más de donde eso vino. Puedes **darle voz a lo que estás haciendo que está funcionando en tu vida ahora mismo**: *Veo que ya estoy viviendo esto en mi relación con mi mejor amigo. Soy valiente con mi marido. He tenido mis ideas más creativas que jamás tuve esta semana*.

Si quieres seguir avivando el fuego, **viérte en deseo**: *Quiero este trabajo. Tengo muchas ganas de sentirme a gusto. Deseo que este dolor se vaya. Deseo ser arrastrado por la compasión. Tengo la intención de ser la primera en mi liga*.

Y entonces vas realmente a por ello y **declaras tu intención**: *Voy a darle mi todo*.

Toda la verdad. Nada de relleno. No te fastidiaste una vez, ni adoptaste la proyección de otra persona de tu perfecta realidad.

Mi amiga Bets tiene una relación conflictiva con su hermana. Es especialmente doloroso, porque en un momento dado eran muy cercanas y cariñosas entre sí. Estábamos en mi librería favorita New Age, tras haber tomado un poco de tarta sin gluten y unas tazas de chai, por supuesto, y Bets cogió un viejo clásico de afirmaciones. Leyó en voz alta en un perfecto dialecto Mary Poppins: «Mi relación con mis hermanos es armoniosa. Soy comprensivo y me respaldan». Y mientras dejó el libro de nuevo en el estante, dijo: «Es evidente que la tipeja que escribió esto no ha conocido a mi hermana».

Pero siendo la bebedora de chai, la buscadora merodeadora de la librería New Age que es, Bets sabe perfectamente que su perspectiva tiene mucho que ver con su realidad. Y entonces, me dijo que no soportaba afirmaciones pero que sí hacía intenciones. «Solo me digo: "Quiero ser lo más cariñosa que pueda ser con mi hermana".» Y esa es la verdad, y eso bastará.

Y así es.

Mírate en el espejo y di la verdad.

Expón algunas creencias.

Recuerda tus éxitos.

Dale voz a lo que está haciendo que esté funcionando en tu vida ahora mismo.

Expresa el deseo.

Indica tu intención.

MERECER

No tienes que ser bueno.
No tienes que caminar de rodillas
cientos de kilómetros a través del desierto arrepintiéndote.
Solo tienes que dejar que el animal suave de tu cuerpo
ame lo que ama.

— Mary Oliver —

Estuve preguntando por ahí: **¿A qué crees que tienes derecho?** Y: **¿Qué sabes que mereces?** He aquí lo que algunos me dijísteis:

- ✔ Siempre siento curiosidad por esta pregunta... en mi opinión nos lleva a la distinción entre «merecer», que implica recompensa o mérito, y «digno», que es incondicional.
- ✔ No tengo derecho ninguno a maldita cosa. Pero me merezco el amor.
- ✔ Yo no merezco nada. Todo tiene que ganarse.
- ✔ Tengo derecho a estar en el planeta. Y trabajar para el resto.
- ✔ Merezco un pago correcto para el trabajo bien hecho... un masaje en los pies y que me abaniquen y que me den uvas... ni más ni menos que cualquier otra persona.
- ✔ Tengo derecho a ser visto, oído, reconocido.
- ✔ Merezco respeto, diversión y dinero.
- ✔ Merezco amor... Amor... Amor. Lo merecemos todos.

Merecer y ser digno —estos son los conceptos que se interponen al pulso de nuestra conciencia y autoestima.

DERECHO SALUDABLE
VS DERECHO CODICIOSO

Entonces, ¿se traduce la autoestima en cuestiones de problemas de derecho? Depende de cómo se mire. Para afirmar lo obvio: las personas con problemas de derechos son totalmente molestas. Tenía una amiga que asumía que podía tenerlo todo. Llamémosla Tina (porque ese es su verdadero nombre y esta historia acaba a su favor). Tina siempre pensó que era la mejor persona para el trabajo. Pondría su mirada en el hombre que ella quisiera e iría tras él sin dudarlo. Ni siquiera consideró la posibilidad de que la rechazasen los hombres, las escuelas, los empresarios, o el banco.

Básicamente, su *modus operandi* fue: «Lo quiero, así que ¿por qué no debería tenerlo?» Y ella empujó aún más el sobre: «Lo quiero, así que ¿por qué no debería tenerlo… *en una bandeja de plata*?» Ella no quería trabajar demasiado duro para conseguir las cosas que quería. Y en ese momento, la actitud de Tina me molestaba enormemente.

Dame un segundo. Volveremos a hablar de Tina enseguida.

Luego estaba mi amigo que era corredor de bolsa. Llamémosle Thurston Howell V (porque esta historia no acaba tan bien para «Thurston»). Thurston siempre pensó que él era el hombre para el trabajo, y que cada chica era suya. Asumió que tendría lo que quería y que las puertas se abren a donde quiera que fuera, porque él era especial. ¿Y sabes qué? La actitud de Thurston molestaba enormemente a un gran número de gente.

Pensé que Thurston y Tina estaban hechos de la misma tela, temas de *problemas de derecho* y todo eso, pero empecé a ver grandes diferencias entre sus respectivos enfoques. Uno de ellos tenía en realidad un saludable sentido del derecho. Uno de ellos, tal y como resultó ser, pensó que el mundo le debía algo.

Cuando Tina no consiguió el trabajo que quería —porque nadie consigue todo lo que quiere todo el tiempo— estaba desanimada, pero pasó rápidamente a la siguiente oportunidad. Simplemente pensó que no estaba destinada a ser, y que probablemente había algo mejor para ella a la vuelta de la esquina.

Cuando Thurston no consiguió el curro que quería, estaba estupefacto e indignado. Buscaría de nuevo para encontrar otro camino para entrar. A pesar de que todavía quería trabajar para ellos, que ponía verde a la gente para la que quería trabajar… *Perdedores*.

Cuando le rompieron el corazón a Tina, tomó la responsabilidad de su parte creando el escenario de relación y le deseó lo mejor a su ex novio. Cuando la pareja de Thurston le dejó, la cosa se puso fea.

Cuando reconocieron a Tina en un banquete de la industria por su gran trabajo en el curro, agradeció a su equipo y habló de lo mucho que le gustaba la visión de la organización. Cuando ascendieron a Thurston, me dijo: «Ya era hora, me he dejado la piel trabajando para ellos durante todo un año». (Ooooh, pobrecito. ¡Doce meses enteritos!) Tina compartía libremente su base de datos con cualquier persona que necesitara un contacto. Thurston sopesó el valor de introducir personas entre sí. ¿Quedaría bien?

La definición de Tina de «camino fácil» es hacer las cosas que te inspiren más, y decir no a las cosas que sean una carga total. Definición de Thurston de «camino fácil»: coger atajos que aparten a los demás.

El *derecho saludable* cree que todos tienen derecho y que hay suficiente para todos. Está arraigado en la autoestima y el amor.

Tener problemas de derecho proviene por lo general de un lugar de escasez y miedo. Estas personas quieren más de lo que están dispuestos a renunciar. Funcionan en una niebla de hambre emocional y espiritual e intenciones contradictorias. A menudo un síntoma de las heridas más profundas de la disfunción familiar o algún otro trauma durante los primeros años de vida, los problemas de derecho hace que las personas estén desesperadas debajo de la superficie, ya que no confían en que pueden alimentarse y nutrirse a sí mismos.

Viva la diferencia.

MERECE LA PENA

Puedes confiar en la promesa de este comienzo;
Desplégate en la gracia del principio
Que está en armonía con el deseo de tu vida.

— John O'Donohue —

Si no crees que tienes el derecho de estar aquí, nunca habrá espacio suficiente para que tu verdadero yo aparezca. Si no crees que eres digno de que se cumplan tus deseos, entonces te sentirás siempre más vacío que lleno. Ninguna cantidad de enfoque o pensamiento positivo va a ayudarte a manifestarte y mantener tu definición de éxito.

Es posible cumplir un sueño, pero si tienes puesta una grabación subliminal en la cabeza que dice que no lo mereces realmente, entonces de alguna manera serás arrastrado tan pronto como lo manifiestes. Tendrás un ingreso récord un año y luego perderás un montón de dinero en una mala inversión. Planearás las vacaciones de tu vida y te pondrás malo el primer día que aterrices. Estarás durante unos meses en una relación jugosa con una persona estupenda, y lo saboteerás al hacer algo completamente estúpido y totalmente evitable.

¿Cómo puedo ayudarte a sentirte digno? Hemos llegado tan lejos juntos. A esta página. Este día. Estoy sorprendido por esta pregunta realmente práctica e improbable: ¿cómo puedo ayudarte a que te sientas digno? Si consigo inspirarte, espero haber hecho algo valioso. Pero en realidad no habrá servido para nada si no te sientes digno. Tienes que amarte a ti mismo por ti mismo. No estoy aquí para salvar el mundo, pero ya que estamos aquí juntos ahora, déjame intentarlo.

Donde estoy en tiempo real está lloviendo en mi tragaluz y puedo escuchar la lavadora en marcha. Llevo puesto mi jersey de color moca favorito, leggins y mocasines. Planeo estar aquí con el ordenador hasta el anochecer. Y tan segura como estoy de que está lloviendo, de que llevo puestos mocasines en los pies, y de que estás respirando hacia fuera y hacia dentro mientras lees estas palabras, estoy segura de que eres digno de tener lo que quieres.

Eres importante.

Eres increíble.

Eres amado.

Aquí se necesita tu presencia.

ERES

DIGNO

DE TUS

DESEOS

Una declaración de lo que te mereces

Eres digno de tus deseos. Querer realmente lo que quieres te da poder para conseguirlo. Naciste libre. (Cuanto más intentes ganar tu libertad, más atrapado estarás.) Eres digno de tener amor y respeto. Encantador.

Te mereces:

> contacto visual
> sonrisas por la mañana
> comida hecha con intención pura
> agua potable, el aire fresco
> Hola, Por favor, Gracias
> tiempo para pensar en ello
> la oportunidad de mostrarles de lo que estás hecho
> una segunda oportunidad
> una educación
> asistencia médica, incluyendo cirugía dental
> orgasmos múltiples
> fines de semana libres
> ocho horas de sueño
> jugar antes del trabajo
> cambiar de opinión
> decir que no
> decir que sí
> que encuentres tus necesidades más profundas
> ser visto
> ser amado por quien eres en realidad.

Te mereces todo esto, y más, solo porque apareciste a la vida.

Tal vez sepas esto cognitivamente. Tal vez estas son las palabras correctas para el momento adecuado. Tal vez necesites leer esto cien veces hasta que parezca razonable. Tal vez tienes que mirar en el espejo y decirte a ti mismo, *soy digno*, y sentir lo que pase.

Esta sería la transición perfecta para que te dé una lista de bola de queso de *Diez maneras de quererte a ti mismo*. Pero solo tengo una sugerencia: **Centrarte en crear tus sentimientos esenciales deseados, y cuando empieces a generar mejores sentimientos y experiencias, te sentirás cada vez más digno de la riqueza de la vida.**

Cuando crees en tu derecho de nacimiento a la realización, coges el factor de la desesperación de perseguir tus sueños. Esto sofoca la codicia —y pone fin a la mentalidad de ganador-perdedor.

Y un hermoso giro ocurre cuando asumes tu valor: valoras otras personas más. Porque cuando estás operando desde un lugar de integridad y valor, ves valor en otras personas y refuerzas la creencia de que hay suficiente para todos nosotros. Así que en este sentido, su autoestima es un servicio a la humanidad.

ÁBRETE

AMPLIAMENTE

A

LO

QUE

QUIERES

abierto ampliamente.

dale palabras a tus deseos. di las palabras en voz alta.

Mirarse a los ojos tiernamente.

exponer a tu antojo de la forma que sea,

bajo una manta o respaldado por un grupo alquilado.

revelar tus intenciones, limpio.

estar allí, vulnerable, esperando.

describir tu sueño, detalladamente.

tener claro a lo que tienes miedo y dar fe de lo contrario.

involucrar a todas tus células en desear ferozmente:

ser visto. graduarse. ser adorado. valorado. validado. conocido.

el momento mantiene todo. Darlo ahí y en ese momento.

incluso si no funcionó antes, o no estás seguro de lo que va a salir de ti para que
     hagas algo nuevo

(no puedes estar seguro),

pasa por alto el pasado,

pide lo que quieras.

descomprime la carcasa de tu personalidad y dejar que la capa interior sienta el
     aire, la vida inteligente y cálida.

Hazlo delante de otro ser.

esto es un alivio aterrador:

fusionar

delantero

bordes derritiéndose

contribuir

puntuaciones de éxtasis

felicidad cotidiana profundizada

sabemos.

pulso abierto. abierto. abierto.

Te harás daño. destrozado —garantizado—.

Una mirada te cortará. una negación te magullará, un rechazo te fracturará.

llorarás. apretado. estarás enfurecido. puedes optar alejarte —agonizando—.

Irte. abandonar. volver. disparar un dardo en defensa.

te arrepentirás, más o menos.

si te quedas ahí, encerrado alrededor de tu núcleo, entonces nunca dejarás la
     casa sintiéndote como tú mismo.

Rellenarás tu alma con cosas destinadas a los vertederos.

montones de desagrados y quejas se arrastrará entre la dicha y tú.

(la dicha es posible, lo sabemos.)

que pica. que aprieta. nublado. esto sucede cuando el corazón está encubierto.

nada volverá a ir del todo bien, día tras día.

pulso abierto de nuevo.

hazlo para serlo.

inclínate hacia.

adora tus preciosos impulsos.

céntrate en la expansión.

Esta única vez.

ábrete

de

cualquier

forma

que

puedas.

Libro dos:
El libro
de ejercicios

ESENCIAL. EL CORAZÓN DE TODO.
AQUÍ ES DONDE SIMPLEMENTE TIENES QUE IR

EL MAPA DEL DESEO EN UNA OJEADA

ÁREAS DE LA VIDA

MEDIO Y ESTILO DE VIDA

Carrera, dinero, trabajo, hogar, espacio, estilo, posesiones, moda, viajar, regalos, sostenibilidad, recursos.

CUERPO Y BIENESTAR

Curación, fitness, descanso y relajación, salud mental, sensualidad, movimiento.

CREATIVIDAD Y SOCIEDAD

Expresión artística y propia, intereses, educación, hobbies.

RELACIONES Y SOCIEDAD

Romance, amistad, familia, colaboración, comunidad, causas.

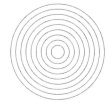

ESENCIA Y ESPIRITUALIDAD

Alma, ser interior, verdad, intuición, fe, prácticas.

Preguntas clave que explorarás:

- En cada área de mi vida, **¿de qué estoy agradecido? ¿Qué no está funcionando?**
- **¿Cuáles son mis sentimientos esenciales deseados?**
- Para generar mis sentimientos esenciales deseados, **¿qué quiero hacer, experimentar o tener?**
- ¿En qué **tres o cuatro intenciones y objetivos** me concentraré **este año**?
- ¿Qué haré **esta semana para generar mis sentimientos esenciales deseados** y cumplir mis intenciones y objetivos **para este mes**?

OPTIMIZAR

HAZLO SAGRADO

Deja que este proceso sea importante y sagrado para ti, porque lo es. Eres un adulto, así que haz esto de las formas que hagan que te sientas inspirado. Sabes cómo aprendes mejor y lo que necesitas escuchar al pensar. Tocar algo de rock o rock, si eso altera tu estado. Enciende una vela de cera de miel de abejas (por que esas velas baratas derivadas de petróleo son malísimas para tus pulmones). Encuentra un banco en el parque, busca una niñera, reza una oración. Haz lo que tengas que hacer para crear un contenedor que te permita desarrollar tu verdad.

Y si tu vida está en una fase loca en este momento, olvídate de los supuestos contenedores sagrados y de tener un espacio Zen. Hazlo en el metro, cuélalo entre dos reuniones con clientes, hazlo en el coche mientras estés esperando a que los niños salgan del cole. Lo sagrado aparece cuando o donde lo llames.

CREA ESPACIO

Puedes ser capaz de hacer todo el proceso de una sentada —una tarde tranquila cuando tu cabeza esté despejada, una noche entrada cuando te sientas más despierta. Este es un proceso muy elástico y personal. Algunas personas tardan unas pocas horas, otras tardan dos semanas. Puede que te propongas hacerlo todo de una tirada, pero que acabes necesitando un descanso al final, o puede ir más rápido de lo que imaginas.

Pero la gente suele tardar unos días en viajar por *El mapa del deseo* si es tu intención. **Seguramente quieras hacer una pausa entre alguno de los ejerci-**

cios. Concretamente, querrás tomar descansos una vez que hayas identificado tus sentimientos esenciales deseados y antes de pasar al siguiente nivel de establecer objetivos según el tipo de sentimiento. Puede que quieras buscar las definiciones de las palabras y dejar que se paseen por tu psique mientras haces la cena, o durante una buena noche de sueño.

Esto es un trabajo profundo presentado de forma racionalizada. Me gusta acelerar el aprendizaje, pero no pasar por encima de lo que es más significativo. Y muy a menudo, la verdad de las cosas necesita tiempo para surgir. Así que mantente centrado y decidido, pero que sepas que no hay razón para apresurarse o, por otra parte, extrae el proceso. Ve a tu ritmo.

Algunas personas en vez de solas prefieren hacer esto con un compañero o en grupo. Les parece que la interactividad de la reflexión compartida y ser escuchado y visto por otros ayuda a que las cosas estén más claras y vibrantes. Para otros, esto es una expedición individual, y no lo querrán hacer de ninguna otra forma.

DUPLICA COSAS PARA QUE TE VAYAN BIEN

Hay cinco áreas de vida:

MODO DE VIDA Y ESTILO DE VIDA
CUERPO Y BIENESTAR
CREATIVIDAD Y APRENDIZAJE
RELACIONES Y SOCIEDAD
ESENCIA Y ESPIRITUALIDAD

Hay mil y una cosas de fragmentar la vida y, hasta cierto punto, cualquier división en categorías que hagas es, ciertamente, algo forzado. Está conectado y de una pieza, en realidad. Sin embargo, estas categorías están pensadas para ayudarte a centrarte. Pero si estos temas se solapan y quieres renombrarlas para que se adapten mejor a tu estilo de vida e intereses, por favor sigue adelante. Los límites.

Vamos a empezar con algo de yoga para tu yo interior, seguido por algo de gratitud y crítica constructiva, y después nos dirigiremos directamete hacia tus deseos.

ESTIRAMIENTO DEL ALMA

Emprende un viaje hacia las cosas que estás llevando, lo conocido
—no hacia lo desconocido—, en lo que ya sabes:
tus placeres, tus deleites, tus desesperaciones, tus penas.
Emprende un viaje en eso, que es todo lo que tienes.

— Jiddu Krishnamurti —

Esto es un calentamiento. Estamos rodeando tus deseos antes de sumergirnos directamente en ellos.

Las preguntas y respuestas en las páginas siguientes están pensadas para aflojar algunas de las calificaciones de tu intelecto y acercarte a tu corazón. Tenemos que apartarte de la cabeza, de lo racional, porque tu verdad no surge de ahí. Tu mente te ayuda a reaccionar en tus sentimientos. Es tu estratega y tu activador. Pero tus sentimientos esenciales deseados surgen del centro de tu corazón.

Algunas de estas preguntas pueden parecerte abstractas o esotéricas. Se vuelven cada vez más poéticas a medida que avanzas. Puede que no estés familiarizado con un término, o puedes sospechar de la finalidad de la pregunta. Y eso está bien. Esto es una investigación abierta diseñada para que saltes a tus propias conclusiones y seas impulsivo. Te animo para que pienses profunda y rápidamente.

Puedes poner la primera respuesta que se te pase por la cabeza, cambiar tus respuestas, o saltarte las páginas. Puedes contestar con una solo palabra, o embutir todos los pensamientos que puedas en ese espacio.

Más adelante del proceso de cartografía del deseo —especialmente cuando identificas tus sentimientos esenciales deseados— te pediré que realmente pienses las cosas detenidamente. Puede que quieras mantener el ritmo ahora, planear hacer esto en varias sentadas, o simplemente prepararte para quemar una importante cantidad de combustible del Alma —es un recurso renovable—. Así que te digo: haz una locura y da lo máximo de ti en cada paso.

Aparca tu cerebro, y compromete tu espíritu.

Deja que tu consciencia fluya.

No hay correcto ni incorrecto, solo aquí y ahora.

«CALENTAMIENTO RÁPIDO DE MOTORES»

Ansío

Más que tiempo o dinero, de lo que más quiero es

Necesito darme más permiso para ser

Lo que es diferente en mí es que

¿Qué es lo que hago con más naturalidad?

¿Qué es lo que incluso pensé que no quería hacer?

Ligero y pesado: Esto me da vida, me vivifica, me recuerda quién soy

Ligero y pesado: Esto deprime mi espíritu, me aplasta hacia abajo, abajo, abajo

NAVEGACIÓN PSÍQUICA

El mejor consejo que jamás he dado

El mejor consejo que jamás recibí —y que me alegro de haber seguido

El mejor consejo que jamás recibí y que no seguí —y me alegro de haber ignorado

Supero momentos difíciles porque

Ante la duda

Mi alegría viene de

Valoro

Creo en

Estoy totalmente en contra de

Lo que sé que es verdad

SENSACIONES DE POSITIVISMO

El color de la alegría

El sonido de la alegría

El olor de la alegría

El amor huele a

En mi cuerpo, la apreciación es

Sé que estoy feliz cuando

Si el deleite fuese un animal, sería

El éxtasis vive

El placer es

Cuando susurro la palabra «dicha»

RELACIONARSE CON LA VIDA

Estaba en Kauai, leyendo *Un nuevo mundo* de Eckhart Tolle en la playa, y una de sus preguntas se convirtió en mi meditación andante e incoherente:

«¿Cuál es tu relación con la vida?».

Desalentador. Galvanizante. Espectacular.

Abrió las compuertas de la investigación para mí. Fui hacia atrás en espiral para mirar mi relación con mi pareja, mi hijo, mis familia de sangre y Alma, mis portales de conectividad y de la comunión. Esto me llevó a una pregunta personal que resultó ser igual de crucial: ¿cómo me relaciono con la gente? Y se me ocurrió que **la forma en la que nos relacionamos con la gente es cómo nos relacionamos con la *Vida*.**

Vi cómo un patrón de la verdad surgía para mí, una línea de transmisión de todas mis interacciones con todos. Tanto si se trata de mi mejor amigo o del tipo que me entrega mi té de rooibos en el café, traigo una energía y actitud constantes.

Este ritmo va así: envío un amor color miel dorado: «Te quiero —estamos en esto juntos—.» Hago una declaración enérgica. Es puro e inocente y es gentilmente global.

Entonces empiezo a calcular y a suponer. «Te entiendo. Te veo.» Y no sé si es inteligencia o mi corazón que empieza a contratarse con miedo, pero de alguna manera una vibración del tipo «No me jodas» se desliza. Y termino con esto: «Tú haces lo tuyo y yo haré lo mío.»

Cuando miré mi relación con la gente (y cuento a mi perro como persona), quedó claro que soy un planeta de amor con un puente levadizo de gatillo que se activa fácilmente, que puede cerrarse sin previo aviso. Puedo ser —y esto fue algo desgarrador al darme cuenta— un tanto reservada con mi amor.

Y así, mi relación con la Vida: Gran Amor. La Verdadera Sonrisa. Cerradura Complicada. Mi trabajo está en curso.

RELACIONARSE CON LA GENTE = RELACIONARSE CON LA VIDA

Con la gente, soy

Me siento vulnerable cuando

Lo que siento omnipresente y constante en mí es

Cuando me siento libre y fuerte tiendo a

Me mantengo en reserva, encerrado y escondido

Estoy asustado

Soy codicioso con

Estoy orgulloso de

Cuando me relaciono con la gente, mi motivo más frecuente es

Intento impresionar

En una crisis

Cuando soy generoso, yo

Dejo de ser generoso cuando

Lo que me emociona y conmueve

Mi pensamiento más habitual al despertar

Mi sentimiento preferido

GRATITUD Y LO QUE NO FUNCIONA

No esconderé mis gustos ni mis aversiones.
Por tanto, confiaré en que lo que es profundo es sagrado.

— Ralph Waldo Emerson —

LA GRATITUD PONE TODO EN PERSPECTIVA

Vamos a explorar de lo que estás agradecido en tu vida para que puedas: a) conseguir que algunas emociones positivas se arremolinen y saquen a relucir tu vibración, y b) ser más claro acerca de dónde quieres focalizar tu energía creativa.

¡Realiza tus listas de gratitud durante el tiempo que quieras! Sí, cuanto más tiempo mejor.

La especificidad aumenta la sensación de agradecimiento. En el libro *La felicidad como ventaja*, Shawn Achor sugiere que una de las razones por la que las listas de gratitud son a veces menos eficaces de lo que podrían ser es porque a menudo enumeramos las mismas cosas una y otra vez y son de una forma general, como «mi familia» o, «mi casa». Pero si somos más específicos, como «Agradezco que mi hermana y yo tengamos ataques de risa cada vez que nos reunimos», o «Estoy agradecido de que hoy mi casa tenga la temperatura perfecta», crea una sensación más profunda de gratitud dentro de nosotros en comparación con la lista general.

Al lado de cada cosa de la que dices que estás agradecido se te pedirá que completes esta declaración: «Estoy agradecido de esto porque…» La razón por la que te estoy pidiendo que califiques el porqué estás agradecido es porque, de nuevo, ayuda a expandir tu conciencia de gratitud e iluminar sentimientos positivos —algunos de los cuales probablemente descubras más adelante son tus sentimientos esenciales—. Una vez más, este es tu proceso, así que siéntete libre para saltarte esta capa si empieza a parecerte una rutina.

DEBEMOS SER REALISTAS CON LO QUE NO FUNCIONA, PARA PODER CAMBIARLO

Creo que es saludable ser realista acerca de los aspectos negativos de tu vida para que puedas hacer un plan para transformarlos, o al menos para ignorarlos conscientemente y, en cambio, centrar más tu atención en los aspectos positivos (en cuyo caso, algunos de tus supuestos problemas tienden a desaparecer a menudo).

Al lado de cada cosa que dices que no está funcionando, se te pedirá que completes esta declaración: «¿Por qué está causándome esto insatisfacción…?». Tus respuestas pueden sorprenderte.

Dicho esto, no queremos convertir esto en un festival coñazo. Así que sugiero que mantegas esta parte de la conversación breve. Realmente queremos hacer una práctica de acentuar lo positivo en nuestras vidas, así que considera las secciones de «Lo que no funciona» simplemente como paradas técnicas a lo largo de tu carretera de aprecio. Estate ahí el menor tiempo posible, céntrate en los temas críticos, y vuelve al lado positivo.

MODO DE VIDA Y ESTILO DE VIDA

carrera. dinero. trabajo. hogar.
espacio. estilo. posesiones. moda.
viajar. regalos. sostenibilidad.
recursos.

GRATITUD

apreciación. valor. estimar. amarlo.
disfrutarlo. adorarlo. reconocido.
agradecido. satisfecho.
me da alegría. deleite. confort.
placer. emocionado.

En términos de mi MODO DE VIDA Y ESTILO
DE VIDA,
estoy agradecido por…

Estoy agradecido por esto porque…
(¿Cómo beneficia esto a tu vida o incrementa tu
felicidad?)

MODO DE VIDA Y ESTILO DE VIDA

carrera. dinero. trabajo. hogar.
espacio. estilo. posesiones. moda.
viajar. regalos. sostenibilidad.
recursos.

LO QUE NO ESTÁ FUNCIONANDO

insatisfacción. desagrado. desdén.
problema continuo. infelicidad.
agitación. malestar. inefectividad.
tristeza. frustración. ansiedad.
desilusión. decepción.
se queda corto.

En términos de mi MODO DE VIDA Y ESTILO
DE VIDA,
lo que no está funcionando...

Estoy insatisfecho por esto porque...
(¿Cómo afecta esto negativamente a tu vida?)

CUERPO Y BIENESTAR

curación, fitness, alimentación, descanso y relajación, salud mental, sensualidad, movimiento.

GRATITUD

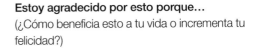

apreciación. valor. estimar. amarlo. disfrutarlo. adorarlo. reconocido. agradecido. satisfecho. me da alegría. deleite. confort. placer. emocionado.

En términos de CUERPO Y BIENESTAR, estoy agradecido por…

Estoy agradecido por esto porque…

(¿Cómo beneficia esto a tu vida o incrementa tu felicidad?)

CUERPO Y BIENESTAR

curación, fitness, alimenación, descanso y relajación, salud mental, sensualidad, movimiento.

LO QUE NO ESTÁ FUNCIONANDO

insatisfacción. desagrado. desdén. problema continuo. infelicidad. agitación. malestar. inefectividad. tristeza. frustración. ansiedad. desilusión. decepción. se queda corto.

En términos de mi CUERPO Y BIENESTAR, **lo que no está funcionando…**

Estoy insatisfecho por esto porque…
(¿Cómo afecta esto negativamente a tu vida?)

CREATIVIDAD Y APRENDIZAJE

expresión artística y propia.
Intereses. educación. hobbies.

GRATITUD

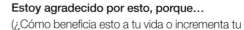

apreciación. valor. estimar. amarlo.
disfrutarlo. adorarlo. reconocido.
agradecido. satisfecho.
me da alegría. deleite. confort.
placer. emocionado.

En términos de mi
CREATIVIDAD Y APRENDIZAJE,
estoy agradecido por...

Estoy agradecido por esto, porque...
(¿Cómo beneficia esto a tu vida o incrementa tu felicidad?)

CREATIVIDAD Y APRENDIZAJE

expresión artística y propia.
Intereses. educación. hobbies.

LO QUE NO ESTÁ FUNCIONANDO

insatisfacción. desagrado. desdén.
problema continuo. infelicidad.
agitación. malestar. inefectividad.
tristeza. frustración. ansiedad.
desilusión. decepción. se queda
corto.

En términos de mi
CREATIVIDAD Y APRENDIZAJE,
lo que no está funcionando...

Estoy insatisfecho por esto, porque...
(¿Cómo afecta esto negativamente a tu vida?)

RELACIONES Y SOCIEDAD

romance. amistad. familia.
colaboración. comunidad. causas.

GRATITUD

apreciación. valor. estimar. amarlo.
disfrutarlo. adorarlo. reconocido.
agradecido. satisfecho.
me da alegría. deleite. confort.
placer. emocionado.

En términos de mis RELACIONES Y SOCIEDAD,
estoy agradecido por…

Estoy agradecido por esto porque… (¿Cómo
beneficia esto a tu vida o incrementa tu felicidad?)

romance. amor. pareja. compañero sentimental. guapetón. cónyuge

amigos. vecinos. comunidad. grupos

trabajo. colaboradores. compañeros. colegas. clientes. clientela. mentores. profesores. alumnos

RELACIONES Y SOCIEDAD

romance. amistad. familia.
colaboración. comunidad. causas.

LO QUE NO ESTÁ FUNCIONANDO

insatisfacción. desagrado. desdén.
problema continuo. infelicidad.
agitación. malestar. inefectividad.
tristeza. frustración. ansiedad.
desilusión. decepción. se queda corto.

En términos de mis RELACIONES Y SOCIEDAD,
lo que no está funcionando…

Estoy insatisfecho con esto porque…
(¿Cómo afecta esto negativamente en tu vida?)

romance. amor. pareja. compañero sentimental. guapetón. cónyuge

amigos. vecinos. comunidad. grupos

trabajo. colaboradores. compañeros. colegas. clientes. clientela. mentores. profesores. alumnos

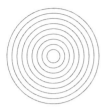

ESENCIA Y ESPIRITUALIDAD

alma. ser interior. verdad. intuición. fe. prácticas.

GRATITUD

apreciación. valor. estimar. amarlo. disfrutarlo. adorarlo. reconocido. agradecido. satisfecho. me da alegría. deleite. confort. placer. emocionado.

En términos de quién soy en mi ESENCIA Y ESPIRITUALIDAD,
estoy agradecido por...

Estoy agradecido por esto porque...
(¿Cómo beneficia esto a tu vida o incrementa tu felicidad?)

ESENCIA Y ESPIRITUALIDAD

alma. ser interior. verdad. intuición. fe. prácticas.

LO QUE NO ESTÁ FUNCIONANDO

insatisfacción. desagrado. desdén. problema continuo. infelicidad. agitación. malestar. inefectividad. tristeza. frustración. ansiedad. desilusión. decepción. se queda corto.

En términos de quién soy en mi ESENCIA Y ESPIRITUALIDAD,
lo que no está funcionando...

Estoy insatisfecho con esto porque…
(¿Cómo afecta esto negativamente a tu vida?)

SIÉNTETE

MEJOR

TUS
SENTIMIENTOS
ESENCIALES
DESEADOS

Esto es.

Allá vamos.

CLARIFICA TUS SENTIMIENTOS ESENCIALES DESEADOS. ESTA ES LA COMPLETA, IMPORTANTE Y BONITA RAZÓN POR LA QUE ESTAMOS AQUÍ

Aquí es donde sientes cómo es la forma de tu corazón. Es hora de que pongas el oído en tu psique y escuches el murmullo de tus ansias.

Esto es lo que vas a hacer: Vas a hacer un riff de cómo quieres sentirte en las áreas clave de tu vida, y a continuación vas a estrechar esos sentimientos en algunos sentimientos esenciales deseados. Tachán. Estoy haciendo que suene demasiado fácil. Y puede serlo. Pero requiere un corazón concentrado y una mente abierta.

EMPIEZA POR DONDE TE PAREZCA SENCILLO

Puedes empezar a hacer mapas del deseo de diversas maneras. Puedes ir a través de cada área de la vida (salud, relaciones, etc.) a la vez y en secuencia, o puedes irte a cualquier sección que te parezca más fácil, más rica o más divertida.

Esto podría ser muy fácil. No es necesario que abordes este material. Haz yoga con él. Déjame plantar la semilla de que esto podría ser un proceso increíblemente fluido y vigorizante si solo tienes la intención de que lo sea. Puedes pedir ahora mismo un deseo, o una declaración en voz alta: «Voy a las profundidades con gracia, y estoy saliendo con un montón de iluminación liberadora».

Esto podría hacerte sudar. Trabaja y preocúpate si es necesario. Frústrate. Pulveriza tus ansiedades. Frota las palabras hasta el meollo del asunto. La claridad que vale más la pena implica cierto grado de fricción.

Puede que llores de alivio, con una sensación de tristeza por estar fuera de tu zona del Alma, con la belleza de sentir tu corazón más que nunca. Es posible que suspires y dejes salir esa respiración entrecortada de realizaciones del tipo *¡ajá!*, el placer del reconocimiento de que sabes lo que quieres… y que te estás comprometiendo a ir a por ello.

HERRAMIENTAS QUE PUEDES USAR

Es posible que quieras tener un diccionario y /o un tesauro para poder hacer consultas. Yo soy una fan de dictionary.com, y también hay aplicaciones gratuitas de tesauros y diccionarios en los smartphones. Es posible que quieras tener algunos lápices de colores para escribir y subrayar.

Asimismo, creo que son esenciales una taza caliente de té de hierbas y un poco de chocolate negro —o cualesquiera que sean tus apreciadas libaciones. Silencio— ¡Aaaahhh! ¡O música!

DALE A LAS PALABRAS SU PODER

Palabras. Sentimientos. Sentir palabras. Palabras que te hacen sentir. Los sentimientos que pueden capturarse con palabras. Vamos a honrar ese inmenso poder de las palabras singulares. Cada palabra es su propio universo. Las palabras nunca importaron más de lo que lo hacen aquí.

Esta exploración es sobre la vibración de las palabras. Quieres dirigirte hacia las palabras de sentimientos que *realmente* resuenan en ti. Hacen clic. Te inspiran. Te hacen sentir simplemente bien.

SABER QUE SABES

Esto no es un examen. No hay ningún test. Esto es un laboratorio para tu conciencia y un parque infantil para tus aspiraciones. Gran parte de nuestra verdad está justo debajo de la superficie; solo se necesita un rasguño leve y una clara voluntad de evocarla. Tú sabes la respuesta.

Si sientes que podrías tener problemas para acceder a cómo quieres sentirte, entonces puedes calentar pensando acerca de cómo no quieres sentirte, y luego apuntar a lo contrario con tus sentimientos deseados.

Recuerda algunos momentos en los que NO te sentías como querías.
Te hiciste ilusiones. Tenías expectativas, deseos, ideales —todos frustrados—.
Te sorprendiste por cómo te sentías. Apagado. Avergonzado. Triste. Vacío. Enfurecido. Ansioso. Decepcionado. Simplemente no te sentías como te hubiera
gustado en la situación particular.

sentimientos.
emociones.
sensaciones.
estados del ser.
detección.
estado de ánimo.
conciencia.

Recuerda algunos momentos en los que te sentiste de la forma en la que estabas esperando sentirte. ¡Sí! Un día que habías estado soñando resultó ser ideal. Una oleada de gratitud cuando todo salió bien. Un dulce alivio cuando llegaste a donde tenías que ir. Una avalancha de amor cuando hiciste la conexión. Un positivismo libre de cargas.

sentimientos.
emociones.
sensaciones.
estados del ser.
detección.
estado de ánimo.
conciencia.

¿CÓMO QUIERES SENTIRTE EN CADA UNA DE ESTAS ÁREAS DE TU VIDA? RIFF…

El camino a seguir aquí es el del flujo de conciencia. Paseo, atasco, repetirte. No te preocupes por duplicar palabras en diferentes áreas.

Un sentimiento deseado no tiene por qué ser resumido en una sola palabra. Por ejemplo, «encender» funciona. Lo mismo pasa con «uno con la naturaleza», o, «apasionadamente comprometidos».

Todo vale. Ser abstracto o concreto. ¿Quieres sentirte *picante* o *rojo* o *eléctrico*? ¿Quieres sentir diez distintas formas de confianza? Entonces, escríbelo. Cierra los ojos y sintoniza. Deja que tus sentimientos deseados fluyan libremente. No te censures. Profundiza, pero que sea sencillo.

Deja que fluya, pero no tienes que esforzarte para conseguir un gran número de palabras por el bien de la variedad. Si solo tienes unas pocas palabras en cada sección, entonces es posible que ya estés cerca del corazón de tu materia.

MODO DE VIDA Y ESTILO DE VIDA

carrera. dinero. trabajo. casa. estilo.
espacio. posesiones. moda. viajar.
regalos. sostenibilidad. recursos.

Dentro de mi MODO DE VIDA Y ESTILO DE VIDA, quiero sentir…

CUERPO Y BIENESTAR

curación. fitness. alimentos. descanso y relajación.
salud mental. sensualidad. movimiento.

Dentro de mi CUERPO Y BIENESTAR, quiero sentir…

CREATIVIDAD Y APRENDIZAJE

expresión artística y propia.
intereses. educación. hobbies.

Dentro de mi CREATIVIDAD Y APRENDIZAJE, quiero sentir…

RELACIONES Y SOCIEDAD

romance. amistad. familia.
colaboración. comunidad. causas.

Dentro de mis RELACIONES Y SOCIEDAD, quiero sentir…

ESENCIA Y ESPIRITUALIDAD

alma. ser interior. verdad. intuición.
fe. prácticas.

Dentro de mi ESENCIA Y ESPIRITUALIDAD, quiero sentir…

MÉTETE DENTRO DE LAS PALABRAS. BUSCA LAS DEFINICIONES DE LAS PALABRAS QUE ESCRIBISTE.

Es la hora del diccionario y del tesauro. Cada palabra es su propio mundo. Excava más profundo. Cuando lees las definiciones reales, ¿te parece que las palabras adquieran un nuevo, o más poderoso, significado para ti? ¿Te parecen más masculinas o femeninas? ¿Qué matices tienen las palabras con los que puedes relacionarte? ¿Te inspiran o te repelen los orígenes de ciertas palabras? ¿Tienes una historia positiva o negativa con esa palabra?

Crece. Añade nuevas palabras si quieres. ¿Ves nuevas sensaciones en el tesauro o definiciones en el diccionario hacia las que gravitas? Escríbelas también aquí abajo.

Las definiciones oficiales de las palabras no siempre coinciden con el entendimiento actual o nuestro ambiente personal. Puedes encontrarte con que las definiciones de algunas palabras que te gustan realmente sean una definición moralista de la vieja escuela que hace que dejen de gustarte dichas palabras. En última instancia tienes que definir cada palabra por ti mismo; solo tiene que encajar en tu psique, no la historia de Webster. Puedes, o bien dejar que la definición del diccionario forme parte de tus elecciones e impresiones de palabras, o elegir ir con tus propias connotaciones intuitivas e incluso revisar las definiciones del diccionario basándote en tus propias experiencias.

Una vez más, no hay manera correcta o incorrecta de acercarse a esto. Si te sientes como si estuvieras nadando en las definiciones, entonces aléjate del diccionario y vuelve a lo que hace que parezca fácil. Si te sientes como si tus palabras no son lo suficientemente espirituales o sofisticadas según los estándares de otra persona, entonces permítete mantenerlo sencillo, ya que la sencillez puede ser muy liberadora.

PASO 3

HAZ TUS PRIMERAS ELECCIONES. VE DE NUEVO A TU DIVAGACIÓN DE PALABRAS Y HAZ CIRCULAR LAS QUE MÁS RESUENEN CONTIGO.

Intenta seleccionar unas diez palabras o menos. Siempre puedes poner otra vez una palabra en el mix si la omites en esta primera ronda. No te estreses por ello —se supone que esto debe ser divertido y emocionante.

Confía en ti mismo aquí. La verdad quiere salir a la superficie y estás haciendo hueco para que surja.

He aquí algunos enfoques y preguntas diferentes que te ayudarán a explorar tu relación con diversas palabras:

Pregúntate qué palabras hacen que te sientas positivo, elevado, expandido.

¿Qué palabras hacen que te sientas como en casa? ¿Cuáles hacen que te sientas inspirado, arraigado, pacífico, lleno de energía, o respaldado? **Rodéalas.**

Acércate a cada palabra que sientes desde todos los ángulos posibles. Haz las siguientes preguntas de cada palabra:

✔ ¿Qué se **siente** ser [insertar palabra]?
✔ ¿Qué **aspecto** tiene ser [insertar palabra]?
✔ ¿Cómo ser [insertar palabra]?
✔ Si yo fuera [insertar palabra], **¿cómo sería mi vida?**

Y esta cuestión abstracta podría desbloquear algo de claridad para ti:

✔ **¿De qué trata** [insertar palabra] **realmente para mí?**

Por ejemplo, tal vez la «confianza» se trata realmente de sentirse autorizado, o elegante, o se trata de respeto. Tal vez el «éxito» se trata en realidad de la libertad, o del amor, o de ser colaborativo. Tal vez «hermoso» se trata realmente de la conexión o del esplendor.

Presta especial atención a buscar bajo los grandes y amplios concep-tos y palabras como *exitoso* o *seguro*. (Puedo decírtelo tras haber tenido estas conversaciones de sentimientos con más de mil personas, casi todo el mundo más su hermano quiere sentirse exitoso o seguro de alguna manera.) Estos gran-des tipos de palabras no te pueden dar la potencia de la motivación que estás buscando.

¿Qué palabras tienen el mismo o muy similar significado? Para hacer tus opciones binarias, puede ser útil buscar las definiciones de las palabras —o simplemente seguir tu corazón—. De cualquier manera, no se puede ir por mal camino.

¿Tienes fuertes emociones cerca de cierta palabra? Algunas palabras pueden hacerte reír o llorar. Presta mucha atención extra a las palabras que des-piertan tus emociones —esos sentimientos están intentando mostrarte algo.

¿Tienes una sensación de presión o de demostrarte en torno a una determinada palabra? Déjame darte un ejemplo de este tipo de experiencia. Mientras hacía mapas del deseo, Jules se encontraba todo el rato con la frase «realizar plenamente». Empezó a preguntarse, ¿y si de hecho había creado la sensación de «realizar plenamente» en su vida? ¿Podría esto significar que su crecimiento creativo había terminado? ¿Qué quedaba en su vida después de haberse realizado plenamente? No hay mucho espacio para crecer. Pero todavía se sentía atraída por ello y aun así lo dejó en su pequeña lista de elecciones de palabras. Esto es bueno. Salía con los términos un rato más para ver lo que había ahí para ella.

Más adelante en el proceso, cuando se preguntó lo que la expresión «realizar plenamente» *era realmente*, tuvo un momento eureka. «Me sorprendió descubrir que mi deseo de sentirme plenamente realizada era básicamente el deseo de probar algo. Mi ansiedad en torno a esa frase fue llevada a la claridad y yo fui ca-paz de tacharlo de mi lista con confianza».

Para ti puede ser un proceso de *lidiar y examinar*, *lidiar y examinar*. Eso es genial, ya que dará lugar a la claridad. Si estás confundido acerca de una palabra o un complejo al respecto, pero sentirte obligado a mantenerla todavía en tu lista por alguna razón, confía en que el proceso te llevará a donde necesites ir con esa palabra y tu relación con ella.

PASO 4

RECONOCIMIENTO DE PATRONES. PREPARARSE PARA ACERCARSE.

Vas a notar que algunos de los mismos sentimientos y palabras se repiten a lo largo de tus respuestas. Esto es bueno, porque, tanto en la teoría como en la práctica, tendemos a alcanzar los mismos estados emocionales a través de todas las áreas de nuestras vidas. Si queremos sentirnos «vitales», lo queremos en nuestras relaciones y en nuestras carreras. Queremos sentirnos «creativos» con nuestro negocio y con nuestro estilo. Posiblemente queramos «conexión» tanto con nuestro Creador como lo hacemos con nuestros propios cuerpos.

Centrarse en los sentimientos esenciales es una parte fundamental de esta práctica. Deseos esenciales equivalen a un poder ilimitado. Si tienes un montón de sentimientos esenciales en tu lista, hace que sea más difícil de priorizar. Elige las palabras que sean tan precisas como impactantes.

Debemos concentrarnos en los sentimientos **esenciales** deseados que quieres. Idealmente, quieres elegir de tres a cinco sentimientos esenciales deseados. No vamos a por una amplia gama de emociones; más bien, queremos una base de sentimientos compacta. Piénsalo de esta manera: queremos el Norte, Sur, Este y Oeste de tu brújula, no todas las calles que podrías bajar.

Ahora quieres encontrar las redundancias y solapamientos entre varias palabras para poder quitar algunas de tu lista y concentrarte en las selecciones más enriquecedoras para ti.

Una suave nota de advertencia:

Una teoría de raíz de toda esta metodología es que no estamos confiando en el mundo exterior para sentirnos de cierta manera, ni estamos culpando a las circunstancias de nuestras emociones. Estamos tomando las riendas de nuestra propia realización.

Sin duda, quiero que encuentres términos que no solo sean inspiradores, sino reconfortantes y relajantes también. Pero déjame señalar algo de la forma sutil pero poderosa en la que las palabras pueden orientar nuestra energía. Nos pueden dirigir a mirar hacia el exterior, o nos pueden anclar para mirar hacia el interior, por lo que estamos buscando, ya sea conscientemente en nuestro poder interior, o inconscientemente mirando hacia el mundo exterior para lo que queremos.

Di esta frase: «Quiero sentirme amado».

Ahora di esto: «Quiero sentir el amor».

¿Te parece que las frases son distintas al decirlas? A mí me lo parece. El *amor* como sustantivo es más centrado y abierto, da más poder. *Amar* como estado hace sentir como si estuviese esperando que alguien me ame. Y definitivamente eso no da tanto poder.

Aquí está mi punto suave: ser realmente consciente del uso de términos para estados de ánimo que vienen del mundo exterior, ya que pueden hacer que esperes que la Vida (o tu pareja o tu trabajo) te vaya a hacer sentir así.

Estos son algunos ejemplos de estados de ánimo que pueden depender de validación externa: *respetado, querido, admirado, honrado, visto, oído, adorado, atesorado, amado*. Estas palabras de sentimientos parecen depender de fuentes externas para que las sientas.

Por otra parte, aquí hay otra distinción sutil que quiero plantear. Algunos de nosotros tenemos una tendencia a dar excesivamente. Esto tiende a ser más común en las mujeres. Siempre estamos en modo de amar o de criar, organizar, crear, embellecer, motivar.

Si exagerar, sobreactuar o dar en exceso es tu problema, entonces necesitas estar al tanto de las palabras que te mantienen en el modo «hacer». Básicamente, sé consciente de los verbos.

Por ejemplo:

Di esta frase: «Quiero sentirme amoroso».

Ahora di esto: «Quiero sentir el amor».

Amar como verbo es algo que tienes que hacer. Sí, ser amoroso es uno de las más deliciosas y nutritivas ambiciones que un ser humano puede tener. Y para algunos de nosotros «amar», como un sentimiento esencial deseado, sería el ajuste perfecto. Pero si eliges una palabra de hacer porque piensas que necesitas mejorar, o ponerte al día, o probarte a ti mismo, entonces te estás engañando a ti mismo.

Recuerda: sabe la respuesta. Este es tu dominio, tu espíritu. Y esto es trabajo profundamente personal. Como Carl Jung dijo, «Solo el soñador conoce el sueño». El significado de cada palabra o frase es tuyo, para poseerlo o interpretarlo. No tiene que adaptarse a una fórmula. No tiene que ser viable o realista para otra persona —ni siquiera para tu mejor amigo o terapeuta—. Sueña tu sueño. Siente tus sentimientos. Apunta.

PASO 5

HAZ TUS ÚLTIMAS ELECCIONES: ELIGE TUS TRES O CUATRO SENTIMIENTOS ESENCIALES DESEADOS… Y ¡BRILLA, CARIÑO, BRILLA!

¡Este es el momento! Estoy pensando en ti en este momento, enviándote luz y susurrándote al oído: Los sentimientos… esenciales… deseados. Oh, sí.

Si deseas mantener más de cinco sentimientos, adelante. Si el siete es tu número de la suerte, entonces adelante, selecciona siete palabras para tener suerte. El enfoque podría ayudarte a obtener mejores resultados, pero hacerlo en la forma que funciona es lo más importante.

Escribe tus sentimientos esenciales deseados en la página siguiente.

Una nota más sobre el proceso: te iré pidiendo que escribas tus sentimientos esenciales deseados en varias sectores del libro de ejercicios —repetidamente—. Los escribirás muchas veces. Hay una razón práctica para esto: para hacer que el libro de ejercicios sea tu propia referencia. Pero también hay una razón psicológica: la repetición de reescribir tus sentimientos esenciales deseados te ayuda a anclarlos en tu corazón y mente. Este es un proceso de enraizamiento e integración.

MIS SENTIMIENTOS ESENCIALES DESEADOS

¡BRAVÍSIMO!

Te has alojado en tus sentimientos esenciales deseados. Bravo. Algunas personas van durante toda su vida en piloto automático de hacer-conseguir-hacer-conseguir, pero acabas de agrietar el código para estar despierto. En el próximo capítulo vamos a tejer tu conciencia interior en tus planes de acción.

Por ahora solo unos pensamientos:

DÉJALO COCINANDO

No tatúes tus sentimientos esenciales deseados en cualquier lugar —por ahora—. **Ve a la siguiente fase de la cartografía del deseo, pero estáte al tanto de que esto puede ser una prueba.** Puedes sentir tus palabras durante algunas semanas y volver y modificarlas para el ajuste exacto. Esto es un arte, no una ciencia. Los sentimientos son fluidos y esta práctica también debería serlo.

ESTAR ABIERTOS AL CAMBIO

¿Cambiarán tus sentimientos esenciales deseados con el tiempo? A lo mejor. He trabajado con los mismos sentimientos durante unos años, después los refiné más y aterricé realmente en los correctos (te contaré más sobre esto en unas pocas páginas). Sospecho que algunas personas probablemente elijan nuevos sentimientos esenciales cada año por el bien de la experimentación. Por otro lado, lo que ajustas esta semana puede servirte para el resto de tu vida. Lo importante es mantenerte curioso y vivo con tus sentimientos esenciales deseados. Si no mantienes su brillo, no puedes utilizarlos como un sistema de guía.

COMPARAR NOTAS, PERO NO LO COMPARAS

Compartir tus descubrimientos con un amigo es algo estupendo para hacer. Asegúrate de evitar la trampa de escuchar los deseos de otra persona y luego cambiar los tuyos, ya que decidiste ahora que son menos impresionantes, frescos, o nobles que los de la otra persona.

PUÉBATELOS PARA VER EL TAMAÑO

Ahora puede ser un buen momento para escribir tus sentimientos esenciales deseados en tu agenda, o en algunas notas adhesivas. Mándatelas a ti mismo. Ponlas en tu refrigerador y en tu espejo del baño; tenlas cerca de su cama. Vas a querer verlas a lo largo del día y empezar a relacionarte con ellas.

AHORA: DESCANSA

Inspira. Tómate un baño caliente. Da una vuelta a la manzana. Pon algo de música disco en la cocina.

Llora un buen rato, llama a un amigo, ten un orgasmo, estírate.

Acabas de hacer un buen examen de conciencia y revisión. Antes de pasar a la siguiente fase de escribir tus principales sentimientos esenciales deseados y emparejándolos con las visiones y las tareas pendientes, es una buena idea dejarte hacer una pausa e integrarte.

Sé amable contigo mismo. Tu verdad está arraigando más profundamente en tus células. Deja que tus ideas se filtren e incluso que se infiltren en tu forma de pensar y la forma en que está viéndote y tus acciones y tu vida.

Descansa —durante una o dos horas, o durante un par de días—. Estaré aquí cuando vuelvas.

Y por favor, vuelve. No te alejes demasiado tiempo —ahora estamos en el valle donde las ideas se encuentran con las acciones, y los sueños se hacen manifiestos—. La vista es impresionante desde aquí: kilómetros de deseos.

INTERMEDIO

LA EVOLUCIÓN Y EL JUEGO DE PALABRAS DE MIS PROPIOS SENTIMIENTOS ESENCIALES DESEADOS

Cada uno de nosotros atravesará nuestros sentimientos esenciales deseados de distintas formas y diversas profundidades. Ya que hacer mapas del deseo es una práctica que creé para mi propia vida y quiero compartirlo con más gente, me motivé a refinar dicho proceso a su forma más efectiva. Lo he trabajado una y otra vez hasta que me trabajó. Afortunadamente, soy una idealista algo neurótica, demasiado analítica y espiritual. Y simplemente soy lo bastante egocéntrica y poética como para preocuparme de los matices de las palabras y de cómo afectan a mi psique. Esas son buenas noticias para todos nosotros.

He aquí mi diario personal con mis propios sentimientos esenciales deseados. Bienvenidos a mi *headspace*. Por favor, andad con cuidado.

NEGOCIANDO MIS FORMAS DE PENSAMIENTO

Durante un tiempo me olvidé de este proceso. Fue una pequeña y simple cosa que hice en Nochevieja, y pensé que seguía siendo mejor hacer algo de establecimiento de objetivos tradicional. Dejé que mi nota adhesiva de mis cuatro sentimientos deseados se enterrase en mi planificador del día. Planeaba mis días según los logros que me parecían más llamativos. Afronté mi negocio. En ese modo menos consciente, hice cosas que realmente no me gustaban hacer. Acepté algunos proyectos que no me iluminaban. Compré mierda que no necesitaba.

Me desgasté ligeramente —como nos pasa cuando seguimos adelante demasiado tiempo sin afinar tu Alma—. No sentí que fuese una fatiga capaz de bloquearte, solo un ligero pero siempre presente agotamiento de mi vida. No era tan fluido como deseaba que fuese.

Sabía en mi corazón que definitivamente me estaba dirigiendo en la dirección correcta. Mi carrera y creatividad eran grandes fuentes de alegría, mis amistades eran profundamente amorosas y mi casa parecía una colmena sagrada y estilosa. Y aunque sabía que estaba en el carril rápido, en curso, sentía como si estuviese conduciendo una vieja camioneta con un embrague averiado, en vez de un nuevo y brillante Porsche. Iba por el carril rápido, pero moliendo mis engranajes. En un particular día en el que los molí a lo bestia, miré mi rebosante buzón de correos electrónicos mientras me bebía un té frío pasada la media noche, y le dije en alto a mi pantalla del ordenador, «Esta no es la manera que quiero sentirme». Pasaba demasiado tiempo reaccionando a las demandas de mi negocio en vez de hacer lo que más me gustaba: hacer cosas nuevas. Me sentía como un empresario bajo cuotas, demasiado desconectado e mi luz —nada sexy—. Saqué mi calendario y en el margen superior de «Esta semana» apunté:

> Divinamente femenina.
> Conectada.
> Innovadora.
> Afluente.

Ya me sentía mejor.

Me concentré en esos mismos sentimientos esenciales deseados durante unos cuatro años. No cambiaron para nada —eran peeeerfectos—. Mientras los sentimientos deseados avanzan, divinamente femenina, conectada, innovadora y afluente demostraron ser grandes guías para manifestarse. Resonaban en mi espíritu y me ayudaron a hacer algunas de las mejores elecciones que jamás hice en mi vida —pequeñas elecciones y otras monumentales. Decisiones diarias y decisiones de una vez en la vida.

RECALIBRANDO LA BRÚJULA

Tras unos años me sentí obligada a visitar de nuevo mis sentimientos esenciales deseados para hacer algo de limpieza psíquica. Miré cada palabra para ver si seguía resonando con ella.

> ¿Seguía **haciéndome avanzar** en la vida este sentimiento deseado?
> ¿Era lo que estaba **ansiando actualmente**?

¿Era la palabra misma lo más **precisa y luminosamente** posible como símbolo?

¿Estaba **encarnando** realmente estos sentimientos?

Al hacerme estas preguntas, empecé a ver mi relación actual con las palabras con más claridad. Cuando me dije a mí misma «Quiero sentirme afluente», o «Quiero sentirme divinamente femenina», me sentí a menudo como si estuviese apuntando a algo fuera de mí, como si el sentimiento fuera enviado *a mí*, y no necesariamente *desde mi interior*. Eso no estaba del todo bien. Las palabras eran una pizca inactivas.

Un gurú me dijo una vez que cuando decimos «Te quiero», deberíamos decir en realidad «Soy amor». Traducción: POSÉELO. Somos la fuente. Esto me inspiró a probar mis sentimientos esenciales deseados de una forma nueva. En vez de decirme: «Quiero sentirme afluente» o «Quiero sentirme divinamente femenina», utilicé la formulación positiva: «Soy afluente» y «Soy divinamente femenina». Aaaaah. Eso está mejor. Es más cálido, más cercano.

Entonces experimenté utilizando sustantivos, en vez de adjetivos, y me sentí aún más vibrante e inspiradora. Así que afluente se convirtió en *afluencia*, y divinamente femenina se convirtió en *El divino femenino*. Mmmm. Incluso más cerca de casa.

Estos días **utilizo frases afirmativas y deseosas indistintamente**. Dependiendo de mi cabeza y del espacio de mi corazón, podría afirmar que: «Soy la divina femenina» o «Quiero sentir la afluencia». Ambas hacen que siga hacia delante.

En cuanto a «innovador» como un sentimiento esencial deseado, también puse eso a prueba. Durante años «innovador» me estimuló. Me sentaba en mi escritorio a punto de empezar un nuevo proyecto, o de pie entre bastidores en la charla de una conferencia, y me decía y me digo a mí misma, «¡Innovador! ¡Superpoderes, activación!». Para mí, *innovador* significaba «estar en mi propio borde de creatividad» —no ser necesariamente competitivos en el mercado—. No necesitaba ser diferente por el bien de ser diferente; solo tenía que mantener mi trabajo al día. Me ayudó a empujarme a mí misma a hacer cosas nuevas, para romper mis propias reglas. Me ayudó a obligarme a tener cosas hechas.

Pero tras años de sentirme alentada por «innovador» como un sentimiento esencial deseado, comenzó a ser restrictivo. Me estaba convirtiendo en mucho más centrada en lo femenino y me relajé en mi acercamiento al trabajo, e «innovador» parecía demasiado masculino y motivado. «Creativo» —que había pensado anteriormente que era demasiado suave y demasiado común— llegó y sustituyó el puesto de «innovador». «Creativo» y yo hacemos un montón de cosas increíbles juntos. Esto no incluye, para bien o para mal, los productos horneados.

«Conectado» necesitaba también algo de matización. «En comunión» parecía menos transaccional y mucho más sagrado e íntimo.

RECLAMANDO MI MÁS PROFUNDO DESEO DE UNA VEZ POR TODAS: ALEGRÍA

Así que llegué a esto:

La divina femenina.
Afluencia.
Creativo.
En comunión.

Era como una hermosa constelación de estrellas brillantes. Pero todavía parecía que había un lugar para rellenar —incluso un papel principal—. Yo era muy consciente de que quería sentirme ligera en mi ser, tan al día y actual como fuera posible, más fluidez, más libertad, más… alegría.

Alegría. Es mi profunda convicción de que nuestra verdadera esencia es pura alegría. Cada vez que puedo entrevistar a un teólogo o buscador espiritual devoto, le pido, «Entonces, ¿cuál cree que es la materia de nuestra verdadera naturaleza?» Y cuando ellos responden: «La alegría», chasqueo mis tacones y digo: «¡Ja! ¡Lo *sabía*! «Alegría.

¿Por qué no estaba en mi lista? La alegría es mi aspiración fundamental. Sentirme ligera, sentir corrientes de energía, fluida, libre. Cada una de estas emociones deriva de la alegría. Se me ocurrió que tal vez había estado evitándola todo este tiempo.

Solía pensar que la gente alegre, consistentemente feliz era demasiado «ligera», demasiado… negándose a aceptar algo. Broody era más fascinante. Entonces consideré el hecho de que en los momentos más terriblemente difíciles de mi vida, el movimiento hacia adelante vino a esta declaración, este mantra: **Haré lo que sea para sentir alegría.**

Esa determinación y devoción abrieron mi vida de forma más amplia que antes. El aprendizaje me trajo dulzura. Encontré cosas nuevas —nuevas teorías, alimentos, ciudades, posturas de yoga, ideas, amigos, nuevas formas de ver viejos amigos— que me hicieron entrar en una nueva dimensión de la felicidad. Mis mayores ensayos me estimularon para hacer de la felicidad una prioridad sagrada.

Y me di cuenta de que la alegría es el indicador más claro de bienestar profundo. Es el resultado de nuestro núcleo de la vitalidad y nuestra capacidad de recuperación.

Comprometerme con la alegría como un sentimiento esencial deseado significaría que me estaba declarando digno de tener todo lo que yo quería. Me ataría a un anhelo universal y a todos los demás seres humanos que comparten dicho anhelo. No habría ninguna excusa para dejar de lado mi Alma. Algunas tareas polvorientas tienen que ser implosionadas para dar paso a los imperativos más dinámicos del Alma. Algunas ambiciones podrían morir. Algunas cosas tendrían que dar paso a persecuciones más verdaderas.

Tendría que aparecer con mayor libertad.

Yo tendría que desear más que nunca.

Es la alegría.

UTILIZAR TUS SENTIMIENTOS DESEADOS MÁS PROFUNDOS PARA GUIAR LO QUE QUIERES HACER, LO QUE TIENES Y TU EXPERIENCIA

El fuego tiene su llama y alaba a Dios.
El viento sopla la llama y alaba a Dios.
En la voz que escuchamos la palabra que alaba a Dios.
Y la palabra, cuando es oída, alaba a Dios.
Así que toda la creación es un canto de alabanza a Dios.

— Hildegarda von Bingen —

El deseo tiende, indomado, siempre hacia adelante.

— Sigmund Freud —

UNIR TUS DESEOS A TUS INTENCIONES

Ahora vamos a hacer conexiones entre cómo te quieres sentir y lo que realmente va a ayudarte a que te sientas así. Esta es la parte más crítica del proceso. Aquí es donde intensificamos plenamente nuestro poder creativo y potencial. No puedo exagerar esto: cuando tienes claro cómo quieres sentirte y te pones a generar esos sentimientos, te haces cargo de tu vida y de tu felicidad. Este es el acto más conscientemente creativo del ser humano.

Vas a ir a través de cada una de las áreas de la vida (salud, relaciones, etc.) y vas a preguntarte lo que quieres tener y experimentar en cada área. Pero vas a hacerlo desde una mentalidad fresca, de una manera nueva —vas a hacerlo con tus sentimientos esenciales deseados como el objetivo central.

Tus sentimientos deseados están dictando lo que te propusiste lograr.

Estamos trabajando de adentro hacia afuera, que es lo contrario a como hemos sido entrenados para organizar nuestras vidas. Normalmente estaríamos apuntando al «tener una casa con dos dormitorios en la ciudad», con la tácita (ya menudo inconsciente también) espero de que podamos sentir algo parecido a «vitalidad» y «conectado» cuando lo conseguimos. Pero eso es al revés. Así que vamos a preguntarnos qué tenemos que hacer, experimentar, y tener con el fin de sentirnos de la forma en que la mayoría queremos sentirnos.

Puede ser tentador que volvamos a caer en esta parte del proceso en objetivos estándares —aquellas cosas que hemos estado persiguiendo en cierto modo irracionalmente, por expectativa social o hábito. En virtud de preguntarte lo que realmente necesitas para sentirte de la manera deseada, algunas de tus ambiciones antiguas y externas podrían desaparecer, o algunas de ellas podrían llegar a ser más clara y más queridas que nunca.

Un ejemplo de sentimientos deseados aclarando las ambiciones de uno.

Podría empezar así: *Quiero sentir la vitalidad y sentirme conectado, profundamente amoroso y próspero dentro de las Relaciones y Sociedad de mi vida, así que quiero ser dueño de una casa de dos dormitorios en la ciudad.*

Pero entonces te podrías dar cuenta de que si quieres vitalidad y sentirte conectado, profundamente amoroso y próspero dentro de las Relaciones y Sociedad de tu vida, tal vez *no* necesites realmente ser dueño de una casa de dos dormitorios en la ciudad. Simplemente porque es un símbolo de la corriente principal del éxito, y tus padres están esperando a que te conviertas en un propietario responsable, y que el asesoramiento financiero común aconseja que ser dueño de tu residencia es una buena inversión, no significa que sea adecuado para ti. Cuando eres honesto contigo mismo, tal vez ser dueño de una casa en este momento te parece una carga importante. No te hace tener una sensación de vitalidad o prosperidad para nada. De hecho, te hace sentir restringido y agobiado. Menuda revelación. Así que tachas ese objetivo de tu lista y sustitúyelo con algo que sea mucho más probable que te ayude a sentirte conectado, quieres vitalidad, sentirte profundamente amoroso, y próspero en tus Relaciones y Sociedad:

«Un mes con Sam en Costa Rica a finales del próximo año. Desconectados. Invitar a un grupo de amigos a que se unan a nosotros en la última semana de viaje».

Sigues alquilando. Empiezas a vivir.

O, alternativamente, tu sueño desde hace mucho tiempo podría llegar a ser más claro y más querido que nunca para ti. Ser propietario de una casa de dos dormitorios en la ciudad es mucho más que un objetivo material. Puedes ver que te permitirá que te sientas más *conectado* contigo mismo (un lugar para arraigar y crear) y conectado a una comunidad, que se suma a tu *vitalidad* de una manera grande. La creación de un hogar seguro y hermoso para tu creciente familia es otra manera de expresar tu *profundo amor*, y construir tu patrimonio hará definitivamente que te sientas *próspero*.

En efecto, esta visión está en el camino correcto con tu Alma. Decides aumentar tu plan de ahorros para el pago inicial y conocer al agente inmobiliario la semana siguiente para charlar sobre el barrio.

Tus sentimientos más deseados son la cuestión.

Quiero que tengas esta pregunta en tu corazón para siempre:

¿Qué tengo que hacer para sentirme de la manera que quiero sentirme?

Eso es. Ese es el corazón de esta nueva exploración y la *raison d'être,* razón de ser, de la cartografía del deseo.

Inspira. Expira. Allá vamos.

MODO DE VIDA Y ESTILO DE VIDA

carrera. dinero. trabajo. casa. estilo.
espacio. posesiones. moda. viajar.
regalos. sostenibilidad. recursos.

Si quiero sentirme de esta manera [escribe tus sentimientos esenciales deseados aquí]

Dentro del ámbito de MODO DE VIDA Y ESTILO DE VIDA,
entonces quiero hacer, experimentar, y tener lo siguiente:

CUERPO Y BIENESTAR

curación. fitness. alimentos. descanso y relajación.
salud mental. sensualidad. movimiento.

Si quiero sentirme de esta manera [escribe tus sentimientos esenciales deseados aquí]

Dentro del ámbito de CUERPO Y BIENESTAR,
entonces quiero hacer, experimentar, y tener lo siguiente:

CREATIVIDAD Y APRENDIZAJE

expresión artística y propia.
intereses. educación. *hobbies*.

Si quiero sentirme de esta manera [escribe tus sentimientos esenciales deseados aquí]

Dentro del ámbito de CREATIVIDAD Y APRENDIZAJE,
entonces tengo que hacer, experimentar y tener lo siguiente:

RELACIONES Y SOCIEDAD

romance. amistad. familia.
colaboración. comunidad. causas.

Si quiero sentirme de esta manera [escribe tus sentimientos esenciales deseados aquí]

Dentro del ámbito de RELACIONES Y SOCIEDAD,
entonces tengo que hacer, experimentar y tener lo siguiente:

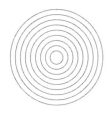

ESENCIA Y ESPIRITUALIDAD

alma. ser interior. verdad. intuición.
fe. prácticas.

Si quiero sentirme de esta manera [escribe tus sentimientos esenciales deseados aquí]

Dentro del ámbito de ESENCIA Y ESPIRITUALIDAD,
entonces tengo que hacer, experimentar, y tener lo siguiente:

¿Qué necesito para sentirme de la manera que quiero sentirme?

HECHOS Y MIEDOS BRUTALES
SOBRE CONSEGUIR LO QUE QUIERES

Mis sentimientos esenciales deseados

Ve al lado oscuro durante un minuto. Sácalo de tu sistema.

¿Qué fracasos pasados están plagándote?

¿Qué errores tienes miedo de hacer otra vez?

¿Qué heridas siguen sanando todavía?

¿Qué te dirían los detractores o tu parte crítica interior para detenerte?

¿Y cuáles son las actuales circunstancias difíciles, condiciones de mercado u obstáculos entre tú y lo que quieres en cada área de tu vida?

Deja que salgan disparados de la manera que vayan hacia ti. Hora de desintoxicación.

FORMAS DE PENSAMIENTO POSITIVAS E INSPIRADORAS QUE ECLIPSAN EL MIEDO Y QUE TE REVOLUCIONAN

Mis sentimientos esenciales deseados

Ahora es el momento de grabar formas de pensamiento útiles que puedan sofocar todas las cosas negativas que escribiste en las páginas anteriores. Elige el optimismo. Piensa en cosas que sientan bien. Motívate a ti mismo.

¿Cuáles son tus éxitos pasados favoritos?

¿Quiénes son las personas que te adoran y que más te apoyan?

¿Quiénes son los modelos de conducta y rebeldes que han demostrado que se puede hacer?

Improvisa una lista de palabras de energía alta y edificantes. Puedes hacer declaraciones brillantes, determinantes, resonantes y combativas.

¡PREMIO! CONSEGUISTE LO QUE DESEABAS. YA

La claridad del deseo, lo que quieres, los sentimientos, los teneres, los quehaceres… lo vas pillando. Antes de pasar al modo de acción, aquí te presentamos una hermosa noción para considerar: Ya tienes mucho de lo que quieres —lugares que puedes haber pasado por alto, envases diferentes a lo esperado, y oculto a plena vista.

Y cuando puedes apreciar las formas **indirectas y sutiles** en las que la Vida ya está proporcionando a tus sueños, entonces crearás placeres más directos y evidentes en tu vida, justamente de la forma que los habías estado imaginando.

¿QUÉ DESEAS… QUE YA TENGAS?

Revisa tus deseos. Mira hacia atrás en lo que dijiste que querías sentir, tener, experimentar y hacer. Elige un puñado de esas necesidades y escríbelas aquí.

Ahora, con cada deseo, piensa dónde tienes ya esa **cualidad, sentimiento o experiencia** en tu vida —es posible que tengas que cavar profundo para encontrarlo—. Eso está bien. Lo encontrarás en alguna parte. Incluso si es solo una mota o una sensación sutil.

Quiero: *Quiero reír más con mi pareja.* Actualmente no te estás riendo mucho con ella, por lo que se te antoja, por supuesto. ¡Pero! Alguien en tu vida *debe* estar llenando tu taza de diversión.

Ya tengo: *Sally hace que me parta de risa al menos dos veces por semana. Jack es bueno para echarnos unas risitas en el trabajo todos los días. (Nota de acción para mí: Llamar más a Sally. Darle las gracias por hacerme reír. Estar con Jack en el refrigerador de agua).* Enfócate en la risa que tienes en tu vida.

Aprecia mucho, muchísimo lo que tienes que te hace sentir bien. **Resiste la tentación de compararlo con lo que te falta.** Solo sigue apreciando, apreciando, apreciando lo que está funcionando, dónde se está funcionando.

No solo es esta práctica relajante, sino que también te puede ayudar fundamentalmente a aligerar de una p… vez.

Quiero: *Quiero 500 € adicionales cada fecha de pago.*

Ya tengo: *¡Me devolvieron el dinero de los impuestos sobre la renta! Tengo unas vacaciones pagadas la semana que viene. Ahora que trabajo en casa los viernes, me ahorro 100 € al mes en la tarifa del tren y de comer fuera. (Nota afirmativa para mí: Mi flujo de dinero/energía está aumentando). Acabas* de encontrar alrededor de 500 € adicionales en tu vida. Seguro que vendrá más, muy posiblemente a partir de fuentes que ni siquiera has contabilizado todavía.

Quiero: *Quiero pasar más tiempo en la naturaleza. Estoy atrapado en un cubículo, en una gran ciudad, y me estoy volviendo majareta. Además, no puedo salir de la ciudad ahora mismo.*

Ya tengo: *Bueno, voy a llevar flores al trabajo esta semana. Dormir con las ventanas del dormitorio abiertas. Me estoy sentando en mi balcón para decir oraciones todas las noches antes de acostarme. Estoy enmarcando esas fotos de mis vacaciones en las sierras. (Nota de acción para mí: Reserva ese viaje para hacer senderismo en Maine AHORA. Nada de excusas.)*

Las cosas pequeñas pueden ser grandes actos de amor propio que te impulsarán y te ayudarán a tomar las decisiones más grandes requeridas para ir realmente tras tus deseos —como irte de la ciudad, a propósito del ejemplo anterior.

Quiero: *Quiero un buen amigo para contarle mis sueños.*

Ya tengo: *Mi diario, mi perro y mi abuela sorda son todos grandes oyentes. Puedo contarles cualquier cosa y todo lo relacionado con mis sueños y no me juzgarán. (Nota afirmativa para mí: Aunque no tengo un mejor amigo que me entienda, la Vida oye mis sueños. Todos y cada uno de ellos.)*

A veces realmente necesitas alcanzar para encontrar lo que funciona en el ámbito de tu deseo. Y la práctica de identificar algunos aspectos positivos puede ser como si estuvieras recogiendo migajas. Hazlo de todos modos. Empezará a enjuagar cualquier mentalidad de víctima o desesperación al acecho. Empieza por alguna parte.

Esto es lo que sucede cuando encuentras pruebas de realización y placer en tu realidad actual (incluso si es un tramo hacerlo):

✔ Sacas la onda de necesidad de tus deseos, y cuando estés menos desesperado, pensarás con más claridad y actuarás con más calma.

- ✔ Te suavizas con las personas que te rodean.
- ✔ Generas gratitud... y la gratitud es una fuerza transformadora.
- ✔ Te puedes dar cuenta de que tú —y algunas de las personas que amas— estás más avanzado a lo que te das, o les das, crédito.
- ✔ Como estás apreciando más tu vida, te aferrarás menos a lo que quieres —y un agarre flojo ayuda a que todo respire y cobre vida.

GENTE Y RECURSOS ÚTILES

¿Cómo pudo abrir su corazón la rosa y darlo a este mundo en toda su belleza?
Sintió el ánimo de la luz en todo su ser; de otro modo nosotros seguiríamos demasiado atemorizados.

— Hafiz —

Mis sentimientos básicos deseados

Personas que pueden ayudar a vivir mis sentimientos esenciales deseados

Personas que son locales, que están cerca de mí, que yo sepa directa y personalmente

Profesionales, expertos, proveedores de servicios

Pensadores y personalidades legendarios (incluir sus escritos, programas, cursos)

Deidades, ángeles, espíritus, fuerzas espirituales

¿CÓMO DARÁS DE TI MISMO?

Para conseguir lo que quería, un hombre tuvo que dar a la gente lo que quería.

— Dashiell Hammett, *Cosecha roja* —

Mis sentimientos esenciales deseados

Deberías estar disfrutando de la abundancia de quién eres ahora. Tienes mucho que dar.

¿Dónde te gustaría dar tu amor y talento? ¿Dónde puedes derramar tu talento y experiencia de una manera que te encienda?

No tienes que comprometerte a dar en todas estas formas o para todos los puntos de venta que puedes a los que puedas dar. Puedes convertir algo de esto en una intención u objetivo más adelante en el proceso. Por ahora, solo fluye libremente sobre lo que es posible —por lo general, es bastante regenerativo para ver dónde y cómo puedes dar.

DESEO, TE PRESENTO A ACCIÓN

Los planes son inútiles, pero la planificación lo es todo.

— Winston Churchill —

Si quieres ser claro, actúa.

— Marcus Buckingham —

Aquí es donde tamizas a través de todo lo que dijiste que querías **hacer, experimentar y tener** en tu vida —y elegiste esas intenciones y metas más importantes para ir tras ellas.

Vamos a hacer esto muy sencillo.

ELIGE SOLO TRES O CUATRO INTENCIONES O METAS IMPORTANTES PARA EL AÑO

Aquí está mi teoría —eres libre de quemarla o convertirla en tu nueva religión: Intenciones y metas significativas tardan un tiempo en lograrse, y un año pasa volando, así que tienes que CENTRARTE—. Puede doler un poco poner algunas intenciones en un segundo plano. Naturalmente. Pero esos «quereres» pueden volver y llamar la atención. Y el impulso y la satisfacción que obtendrás por haber llevado a cabo solo algunos increíbles esfuerzos superan con creces cualquier cosa que puedas obtener al hacer un montón de cosas a medias.

Proponte hacer tres o cuatro cosas con entusiasmo y excelencia este año, en vez de hacer una docena de cosas regular. Fíate de mí en esto.

ELIGE MENOS SI ES NECESARIO

Y oye, si estás planteándote hacer algo hercúleo y estupendo este año, entonces, por supuesto, haz que eso sea tu **enfoque singular**. Este podría ser El

Año de la Gira de Conciertos; El Año en que Construimos la Casa; El Año que Obtuve la Promoción; El Año de la Curación; El Año que Terminé Mi Libro.

CONFÍA EN TU CORAZÓN

Y como sugerí cuando empezamos este viaje, puedes dejar que la selección de metas sea más fácil si te permites **confiar en tu guía interior y no te preocupas tanto por hacerlo «bien»**. Sí, podría haber alguna deliberación sobre la elección de las mejores metas, y posiblemente dejes escapar un profundo suspiro cuando decidas pausar uno de tus deseos para poder ser capaz de concentrarte en otro. (Concéntrate. Duele tanto que es bueno.) Pero no des marcha atrás en el proceso en esta etapa. Esta es la cima de tu creatividad. Alcánzala.

ELEGIR

La pregunta más poderosa que puedes hacerte cuando tengas en cuenta en qué intenciones u objetivos te vas a centrar es:

¿QUÉ ES LO QUE MÁS ME EXCITA?

Esa es la clave. Esto es lo que más te enciende. Se trata de lo que más te emociona. No importa que pueda ser también desalentador e irracional. Fuera de tus diversas intenciones o metas, ¿de qué estás más entusiasmado? El entusiasmo es una emoción especial. Tiende a despertar y carbonizar todos los otros sentimientos positivos.

Otras preguntas para hacer revisión de tus intenciones.

Tus selecciones no deberían depender exclusivamente de las siguientes preguntas, pero te ayudarán a tener más claro lo que más te excita.

✔ ¿Cómo afectará esto a otras personas?
✔ ¿Cómo puedo trabajar con la gente con la que me gusta hacer esto?
✔ ¿Me ayuda esto a generar más de uno de mis sentimientos esenciales deseados?

- ✔ ¿Cómo me sentiría si muriera sin haber hecho esto?
- ✔ ¿Qué llevará la menor cantidad de esfuerzo para lograrlo?
- ✔ ¿Qué tendrá el mayor potencial de ingresos?
- ✔ ¿Qué requerirá la mayor cantidad de dinero?
- ✔ ¿Cómo podría afectar esto a los próximos cinco a diez años de mi vida?
- ✔ ¿Cuál es la cosa más espantosa por hacer?
- ✔ ¿Siento que nací para hacer esto?

EN CASO DE QUE TENGAS MIEDO DE TOMAR ALGUNAS DECISIONES

Todo es progreso. Lo he dicho antes, lo diré de nuevo, y otra vez: el universo está siempre en expansión —eso te incluye a ti—. Errores, meteduras de pata, rodeos —todo es progreso.

> Elegí y mi mundo se estremeció. ¿Y qué?
> La decisión puede haber sido errónea; la elección no.
>
> — Stephen Sondheim —

Puedes cambiar de opinión en cualquier momento. Así de fácil.

Simplemente haz algo. El movimiento es mejor que la inercia. Cuando tomas medidas, aprendes, desarrollas habilidades, obtienes más libertad. Cuando te quedas quieto porque tienes miedo de hacer un movimiento, tu autoestima disminuye, tus dudas surgen y se reproducen, tu coraje se paraliza. No es bueno. Vístete y sal.

ELIGE TRES O CUATRO INTENCIONES O METAS IMPORTANTES PARA EL AÑO

Mis sentimientos esenciales deseados

Estás poniendo tus sentimientos esenciales deseados en el centro de tu vida. Sí, sí, lo estás haciendo. Sabes cómo quieres sentirte. Y tienes una muy buena idea de lo que puedes hacer, tener, y experimentar —y pensar y creer— para ayudarte a sentirse de esa manera.

Ahora vas a apuntar y a dedicarte a actualizar lo que más quieres.

Repasa cada una de las áreas de tu vida (**MEDIOS DE VIDA, ESPIRITUALIDAD**, etc.) y **REVISA** lo que dijiste que querías hacer, experimentar, y tener en ese área con el fin de sentir **tus sentimientos esenciales deseados.**

Fuera de todo esto, **¿cuáles son los más excitantes para ti? ¿Cuál de ellos te hace sentir de la forma que quieres sentirte? Ahora céntrate en tres o cuatro de las oportunidades más potentes y que sientan bien que te gustaría realizar este año.**

MIS INTENCIONES Y METAS PARA ESTE AÑO

FICHAS DE ACTIVIDADES

Los logros anuales suceden por decisiones diarias y objetivos mensuales.

Te sugiero que hagas un CHECK-IN MENSUAL y una lista de acciones SEMANAL. He creado hojas de formato en las que puedes escribir directamente en el libro o consultar al escribir tus respuestas en un folio aparte. (También puedes imprimirlos desde la página web de *El mapa del deseo* en una variedad de tamaños.)

Decide lo que tienes que hacer cada mes para acercarte a tus tres o cuatro intenciones o metas para el año. Prefiero hacer esto justo de un mes para otro, en lugar de rellenar objetivos durante doce meses de una vez.

Para muchos de nosotros, los sentimientos esenciales deseados son una nueva forma de dirigir nuestras vidas y de establecer metas. **Vas a tener que seguir recordándote**: tu intención principal es sentirte bien, y todos tus objetivos externos existen para ayudarte a sentir tus sentimientos esenciales deseados.

Así que cuando te sientes para hacer el *check-in* mensual, vas a mirar tus sentimientos deseados como si fueses el conductor.

Mantén en mente esta importante pregunta todas las semanas y meses cuando apuntes tus tareas:

¿Cómo puedo alcanzar mi visión a largo plazo de las formas que me sienta...? [Inserta tus sentimientos deseados]. Lo que sientas a lo largo de tu viaje es lo que crea el resultado.

Esta pregunta te ayudará a ajustar tus acciones y comportamientos con el fin de que llegues a tu meta. Evalúas, afirmas, o ajustas tus tareas y tus intenciones de acuerdo a lo que crees que va a generar tus sentimientos deseados.

Usar tus sentimientos deseados como un sistema de guía no se trata de juguetear con tus intenciones para que te des por vencido cuando las cosas se pongan difíciles. Se trata de encontrar una manera de sentirse bien en cada paso del camino. Se trata de llevar a cabo las cosas de manera que afirme la vida, en lugar de chuparte el Alma.

CHECK-IN MENSUAL   MES:

Mis sentimientos esenciales deseados

Mis intenciones y metas para este año

Mis intenciones y metas para este mes

ESTA SEMANA

Lo que haré para generar mis sentimientos deseados esenciales y ayudarme a alcanzar las intenciones y metas de este mes.

Mis sentimientos esenciales deseados

MODO DE VIDA Y ESTILO DE VIDA

CUERPO Y BIENESTAR

CREATIVIDAD Y APRENDIZAJE

RELACIONES Y SOCIEDAD

ESENCIA Y ESPIRITUALIDAD

Algunas declaraciones positivas

Personas que ayudan con
las que conectarse

Personas a las que estar al servicio

EL DESEO COMO PRÁCTICA

Ahora te mando fuera. Para liderar. Para quemar radiantemente. Para servir. Para amar… tu vida y el mundo. Esta es mi última lección de la temporada. Voy a decirte todo lo que sé sobre la fabricación de este palo. Pido a Dios que sea útil.

COMO UNA CUESTIÓN DE RUTINA

1. **Planifica tu semana o mes según tus sentimientos esenciales deseados.** «¿Qué tengo que hacer esta semana para generar mis sentimientos esenciales deseados?» O, «¿Qué puedo hacer yo este mes para sentir…» Me gusta que sea sencillo. Escribo de tres a cinco acciones cada semana que están encarrillados con ambos mis sentimientos deseados y mis metas (metas que para empezar proceden de mis sentimientos deseados).

Me gusta planificar la semana próxima los viernes, ya que los fines de semana son buenos para mi salud mental, y la planificación de la semana un lunes es la manera más segura de hacerlo inútil. (Nunca, jamás planifiques tu semana un lunes.)

2. **Recítate tus sentimientos esenciales deseados antes de ir dormir y antes de levantarte de la cama por la mañana.** Esto es muy rápido y fácil de hacer, y estos son los momentos perfectos para que atiendas a tu subconsciente. Si estás teniendo buena racha, ve más allá de tus sentimientos esenciales deseados y simplemente sigue haciendo riffs de todos y cada uno de los sentimientos positivos que te vengan en la mente. Cada uno es un deseo y una confirmación de su verdadera naturaleza.

3. **Ponlo por escrito.** A veces escribo mis sentimientos deseados en el espejo del baño con los marcadores que se pueden borrar. También los tengo pegados en una nota adhesiva en la pantalla de mi ordenador, y las escribo una vez por semana en mi agenda, o hago las fichas de actividades.

La gente me dice que tiene sus sentimientos deseados a la vista en sus oficinas, en sus neveras y en los salpicaderos de sus coches.

4. Usa tus sentimientos esenciales deseados como un mantra durante la meditación y/o durante todo el día como un recordatorio que te calma, te centra

y te inspira. Repítelos doce veces con los ojos cerrados (o tres, o cien). O bien, haz un deseo intensificado rápido, y antes de salir del coche, o de hacer una llamada, o de entrar por la puerta —antes de que cambies a la siguiente cosa que estás a punto de hacer— díte a ti mismo tus sentimientos deseados.

5. Duerme con este libro cerca de tu cama. Tenlo cerca de ti, y no en un estante fuera de tu alcance. Y no porque quiera pasar el rato en tu habitación contigo, sino que verlo por la mañana y por la noche te recordará que eres un ninja del deseo.

6. El último día de cada mes, o dos veces al año, o cuando cambies tu reloj al horario de verano (ya sabes, algún(os) intervalo(s) regular(es) en el curso de tu año), saca el libro *El mapa del deseo* y **relee lo que escribiste.**

7. Dile a alguien cómo quieres sentirte más.

8. Pide un consejo angelical o multidimensional y escribe la respuesta que recibas. Esto no tiene por qué ser tan *woo-woo* como suena. O sí. A veces me siento con mi libreta y le pido al universo, «Entonces, ¿qué quieres decirme?» Y simplemente dejo que el boli escriba por su cuenta. No me importa si me lo estoy inventando, o si en realidad estoy canalizando a Cleopatra. Es otra manera de acceder a la sabiduría de mi Alma y siempre es reconfortante y reveladora.

9. Escucha cosas positivas. Una de mis formas favoritas de aprender y calmar mi alma es escuchar audiolibros mientras estoy en la cocina o en la bañera.

Me gusta saber que si me distraigo o si empiezo a hablar con el que esté a mi lado, mi subconsciente sigue absorbiendo estas cosas buenas. También me gusta que, a pesar de ser muy joven para entenderlo todo, mi hijo está inmerso en el buen pensamiento. Y lo mismo pasa con mi marido. No es demasiado joven para entender, por supuesto, pero él prefiere escuchar las noticias, y esta también es mi forma de echarle algunas vitaminas de Alma en su día.

Mis programas de audio favoritos son lo que cualquier tema de los profesores metafísicos Abraham-Hicks, instructor de meditación Reggie Ray, el maestro budista Pema Chödrön, el poeta/teólogo John O'Donahue, y la autora del libro *Mujeres que corren con los lobos*, Clarissa Pinkola Estés.

Como ya sabes, *El mapa del deseo* —y todas las contemplaciones aquí— está disponible en audio. Son horas de poder, gente.

Además, el programa de audio *The Fire Starter Sessions* contiene siete horas o más de motivación y amor, que puedes descargarte en audible.com.

CUANDO TODO APESTA

1. Cuando te sientes lejos de tu zona de Alma y te está pasando algo que es una de mierda... **acéptalo plenamente**. Ya lo sé, ya lo sé. Créeme, *lo sé*. Esto puede sonar ingenuamente escamoso y francamente jodidamente imposible. Lo es generalmente. ¡Y aun así! Este consejo está en el corazón de gran parte del misticismo oriental. No niegues lo que es real, hazle frente. No te resistas al momento, fusiónate con él y así poder experimentar plenamente la verdad de lo que está pasando.

Y suficientemente divinamente, si puedes estar con el dolor o la negatividad en lugar de empujarla lejos de ti, tiende a disolverse más rápidamente para que puedas seguir adelante.

La presencia es *el* punto de vista de la vida.

2. Cuando no te sientes de la manera que quieres, puedes decir lo siguiente: **«Tengo muchas ganas de sentirme...»** Incluso si te sientes totalmente frenético o muy desanimado, simplemente pronunciar palabras positivas y centradas en el futuro puede crear un cambio.

En primer lugar, por supuesto, tienes que mirar cara a cara a tus sentimientos negativos —por respeto—. No es productivo ir directamente a la circunstancia apestosa y a los los pensamientos positivos sin pensar. Siente lo mucho que fastidia y *luego* elige una forma de pensamiento más brillante.

3. También puedes usar esta frase en prácticamente cualquier aprieto: **«Tengo claro que quiero sentirme»**. Es increíblemente arraigador, y también funciona bien cuando le transmites a los demás lo que quieres de una situación —especialmente en una relación íntima—. Indicar cómo quieres sentirte te ayuda a mantenerte alejado de la crítica y de quejarte de ti mismo o de otras personas.

4. Cuando las cosas no salen de la manera que quieres, puede decirte: **«Bueno, al menos tengo más claro cómo quiero sentirme ahora»**. O tal vez lo único que puedes permitirte decir es «Tal vez estaré algún día agradecido por esto». Eso es dar un paso en la dirección correcta.

5. Consulta la página de formularios de pensamientos positivos en este libro. Memorízalos como las invocaciones que son. ¡O! Pídele a alguien que te lo lea en voz alta. Es un poco extraño escuchar que te lean tu propio ra-ra, pero es un buen alimento para el cerebro, lo prometo.

AYUDARSE MUTUAMENTE

Encuentro refugio en hablar contigo.

— Emily Dickinson —

1. Reunirse. Tras el lanzamiento de *The Fire Starter Sessions*, empezaron a aparecer clubes y grupos de lectura de Fargo a Londres, en salones, cafeterías, a través de Facebook y Skype. *El mapa del deseo* es también una experiencia que podría enriquecerse por grupo de apoyo —ya seáis tú y tu pareja en persona, o un grupo de todo el país que hacen reuniones por teléfono una vez a la semana.

Echa un vistazo a la página web de *El mapa del deseo* para algunas pautas y ejemplos de la vida real de cómo las personas llevan grupos presenciales y virtuales.

2. Animaos mutuamente. Te conoces mejor que nadie (y te conoces incluso mejor tras haber hecho mapas del deseo), por lo que haces cualquier cosa que te funcione para crear responsabilidad en torno a estas acciones y planes. Si eres bueno para seguir por ti mismo, maravilloso. Si necesitas un socio/amigo de responsabilidad, haz que suceda eso primero.

¿QUIERES EMPEZAR UN GRUPO DE MAPA DEL DESEO? TE PRESENTO EL CLUB DE LECTURA MÁS GRANDE DEL MUNDO JAMÁS VISTO

Para una conexión cara a cara y/o de grupos de grandeza: clubes de lectura, quedadas, bloggers, buscadores de alma y conversadores —ya sea virtual o en persona…

El mapa del deseo es más que un programa para conseguir metas con Alma: es una filosofía de vida. Así que tu deseo de reunión de mapa del deseo será algo más que un «club de lectura». Pero eso ya lo sabías. Será lo que tú quieras que sea. Altamente estructurado o suelto. Sección por sección o un área de vida por reunión. Un fin de semana en una cabaña con amigos o un año de descubrimiento.

Tu grupo de mapa del deseo es el sistema de apoyo que reúne el club de lectura. Una sociedad no tan secreta de cartógrafos del deseo en tu barrio de la vida real o en tu plataforma virtual favorita. Una reunión de buscadores, emprendedores, gente que trabaja de nueve a cinco, madres y sus maridos, yoguis, personas trabajadoras, amantes de la luz, de personas con un nítido propósito poco común, sentirse de la manera en la que realmente quieren sentirse en todos los ámbitos de su vida.

Un buffet semanal, una quedada mensual, una velada de solsticio de temporada, una ocasión especial en la vida, o simplemente un ritual de jueves por la noche. Lo que sea, cuando sea y por que tú quieras que sea. Dale algo de impulso, pero no lo pienses demasiado. Haz una cita.

IDEAS SOBRE CÓMO ESTRUCTURAR TU GRUPO DE CARTOGRAFÍA DEL DESEO (RECUERDA: SOLO SE NECESITAN DOS PERSONAS PARA HACER UN GRUPO)

Empieza la reunión mientras las personas se van reuniendo con un poco de música que inspire deseo. Puedes entrar en DanielleLaPorte.com para acceder a una serie de listas de reproducción.

Hay una serie de programas de audio de referencia a *El mapa del deseo* de mi parte y Sonidos True —tanto para comprar como gratuitos—. Puedes empezar una reunión con un audio de inicio mío del capítulo o de una reflexión guiada de tu elección.

Ponte en modo zen. Tu grupo del mapa del deseo podría reunirse para simplemente LEER, VER o ESCUCHAR en un silencio agradecido.

Pasa el micrófono. Todo el mundo en tu grupo puede ser responsable para dirigir una reunión —al menos una vez—. Asígnale a cada miembro una sección, de forma aleatoria, o déjalos elegir un tema en el que quieran profundizar.

Invita a invitados especiales. Un entrenador de la vida fabulosa. Un psicólogo. Un artista excéntrico.

DEJA QUE EL CONTENIDO HAGA EL TRABAJO

En cada reunión podrías concentrarte en una o dos de las hojas de ejercicios, como Sensaciones de Positividad, Gratitud y Descontento, Sentimientos Esenciales Deseados, Hechos Brutales y Miedos.

Como ya sabes, *El mapa del deseo* son dos libros en uno. El Libro Uno es la filosofía, la teoría del planteamiento, y el Libro Dos es tu libro de ejercicios. Escoge un capítulo de la sección de la parte teórica para discutirla. Planea algunas preguntas clave y temas de conversación de antemano. Por ejemplo...

PUNTOS DE DISCUSIÓN DE INTENCIONES Y METAS

✔ Danielle prefiere la palabra *intención* sobre *meta*. ¿Cómo te hacen sentir ambas palabras? ¿Por qué crees que pasa eso?

✔ «Solo quiero alcanzar mis objetivos si ambas palabras, apuntar y alcanzar, hacen que me sienta bien». ¿Has estado presionando para conseguir algo y hacer eso no te sienta bien?

✔ Habla acerca de la presión de «tenerlo todo».

✔ La sección acerca de dejar de lado metas es liberador pero aterrador. ¿Quién está tomando la decisión de abandonar algunas metas?

CONCEPTOS Y PREGUNTAS PARA ESTIMULAR UNA CONVERSACIÓN

Haz una ronda de respuestas libres para cada uno de estos conceptos y preguntas. ¿Qué pensamientos o sentimientos despiertan? La gente tiene dos minutos para responder, solo para que la energía se caliente —o puedes dejar que haya debate abierto y ver dónde te lleva la conversación.

- ✔ ¿Puedes lograr grandes cosas en la vida sin tener metas establecidas?
- ✔ Un sentimiento es mucho más poderoso que un pensamiento.
- ✔ La preocupación es inútil.
- ✔ No juzgues cómo te quieres sentir.
- ✔ ¿Por qué nos alejamos de los buenos sentimientos?
- ✔ No eres tus sentimientos.
- ✔ ¿Cuál es tu versión de «tenerlo todo»?
- ✔ ¿Qué te motiva? ¿Qué te inspira?
- ✔ Una mente fuerte mira hacia adelante, y no para atrás.
- ✔ La alegría es tu verdadera naturaleza.

LA PREGUNTA MÁS IMPORTANTE QUE PODÉIS PREGUNTAROS LOS UNOS A LOS OTROS ENTRE REUNIONES

¿Qué vas a hacer HOY para sentirte de la manera que quieres sentirte?

Mandaos mensajes. Llamad y dejad un mensaje. Seguid preguntándoos y recordándoos los unos a otros que los deseos cumplidos crecen de esta pregunta profundamente simple.

«Estoy haciendo una limpieza de armario (al estilo *Sexo en Nueva York*, con amigas y champán). Voy a deshacerme de todo lo que no me ayuda a sentirme **Radiante y Alegre** (todo lo que esté desgastado, mal ajustado o que pertenezca a mi anterior vida corporativa).» (Belinda)

«Hice una comida estupenda para mi hermana esta mañana: **Conexión**. Estoy usando mi pañuelo preferido: **Radiante**.» (Stacey)

«Estoy organizando mi oficina: **Fortalecida**.» (Jackie)

«Estoy yendo a una clase de meditación: **Inspirada**. Definitivamente ver a la familia y tener citas con mis amigos: **Alegre**.» (Ellie)

«Voy a empezar clases de baile hiphop esta semana y la **Agresividad** fluye por mis venas.» (Cynthia)

«Adopté tres gatitos. ¡Me siento **VIVA**!» (Paula)

HISTORIA DE UN GRUPO DE CARTOGRAFÍA DEL DESEO

«Nuestro grupo es presencial y nos reunimos una vez al mes, en Calgary. También hemos conectado con gente en Portland y Toronto, y podríamos empezar a incluirlos virtualmente (por Skype) en nuestras reuniones. Si no, tenemos la intención de compartir nuestro progreso con ellos a través del correo electrónico para poder así mantener una conexión.

Antes de *El mapa del deseo*, nuestro énfasis estaba en "¿Qué es lo que quieres conseguir?". Esto estaba bien y definitivamente estábamos moviéndonos y logrando grandes cosas, pero era un enfoque unidimensional. Algo plano. Así que ahora la pregunta clave es: **¿Cómo quieres sentirte y qué decisiones vas a tomar para apoyar dichos sentimientos?**

Estas reuniones son uno de los únicos lugares en los que podemos unirnos y no ser una madre o una esposa o un trabajo. Simplemente, podemos ser. Mujer. Compartir, conectar y simplemente estar con los demás. Hablamos de cosas que importan, hacemos los cambios que queremos hacer en nuestras vidas y conseguir las cosas que queremos, sintiéndonos bien a cada paso del camino.

Anoche alguien dijo: "Quiero bajar de peso". Su lenguaje corporal era *bleh* cuando lo dijo. Pero cuando alguien le preguntó cómo quería sentirse cuando perdiese el peso, su lenguaje corporal cambió de inmediato y emocionada dijo: «Quiero sentirme guapa».

Ver eso fue una gran lección para todos nosotros. Nuestro énfasis ahora está en el sentimiento, no en el hacer. La parte en la que haces pasa, pero ya no es el conductor. Nuestros sentimientos son el motor —¡y nos hace sentir tan bien!»

(Lana Wright, Calgary)

¿TIENES UN BLOG? ILUMÍNALO

Jamie Ridler resume los blogs del libro así:

«El concepto detrás de un blog de libro es que un grupo de *bloggers* se abren camino a través de un libro, compartiendo sus experiencias mediante la publicación en su propio blog y leer lo que otros participantes están compartiendo. Puedes optar por compartir mucho o poco, como tú quieras. El proceso es libre, autodirigido, y compartido en la comunidad».

En otras palabras, utiliza *El mapa del deseo* como tu creación artística y la inspiración que da valor. Es alimento para el contenido de tu blog, el combustible para tus enseñanzas compartidas. Bloggea regularmente como parte de tu proceso de grupo (o individuo).

REUNIÓN VIRTUAL

Hay llamadas de vídeo en grupo en Skype, Google Hangout, o líneas telefónicas de conferencias gratuitas. Puedes encontrar o crear grupos de mapa del deseo en DanielleLaPorte.com.

REUNIÓN PRESENCIAL

Queda en algún lugar inspirador. Con mucho espacio. Sal al amanecer para hacer unas dos horas de senderismo. Ten en cuenta algún lugar accesible, central, con una guardería de niños. ¿Alguien se viene al comedor de IKEA? Si tienes a gente que escribe o que está embelesada por las palabras, id a un lugar con mesas y conexión de Wi-Fi gratuita.

O que sea sencillo. Reuníos en casa: la tuya, la suya, o en un piso distinto cada vez. Revive el arte del buffet, o de la fiesta de pijamas. Ten en cuenta: accesibilidad para discapacitados. Temperatura. Baños. Nivel de ruido. Iluminación. Bebidas + picoteo. Ambiente del barrio. Confort y alegría máxima.

¿CUÁNDO? SIEMPRE

Esta noche. Mañana. A la hora de almorzar. Después de la clase de yoga. El tercer domingo de cada mes, justo después de su almuerzo en el seminario interreligioso. Durante Los miércoles del whisky en tu local de buceo.

Si los miembros del grupo son del tipo directores generales ultraocupados, ofréceles tres opciones de fecha y hora antes de la primera reunión. Obtén un consenso. Reafirmalo. Y manda e-mails recordatorios unos días antes de cada reunión.

Hey, amor,

Recordatorio: nuestra próxima reunión de grupo de mapa del deseo es tal DÍA a tal HORA en tal SITIO.

Nos reuniremos durante una hora. Traeré trufas veganas. Y BIO Kombucha.

Nos centraremos en NOMBRE DE NÚMEROS SECCIÓN/NÚMERO DE PÁGINAS.

¿Ya lo leíste? Estupendo. ¿Aún no? No te preocupes.

Ya lo sé: estamos ocupados. Estamos fritos. Yo, por ejemplo, necesito un serio retoque de raíces.

Pero este grupo va más allá de nuestras VIDAS: nuestros deseos, nuestros sueños, nuestras ambiciones más urgentes. Nuestro grupo importa. TÚ importas.

Estate ahí.

TU NOMBRE

CÓMO CONSEGUIR UN GRUPO

Comienza con los «candidatos» habituales. Tus amigos, familia y órbita interna de confianza. Prag-o-mático: haz una lista de veinte personas que te adoran. Mándales a cada uno una invitación amorosamente diseñada. Dúchales con alabanzas. Sé alentador.

«Oye, hermana, ¿te acuerdas de ese vídeo de Metas con Alma de Danielle LaPorte que te envié? Voy a empezar una especie de grupo-de-lectura-que-tiene-como-misión-iluminar más o menos. Y tú eres el primer miembro de mi lista».

«Oye, cariño, ¿sabes? Como siempre te quejas de que no sales lo suficiente de casa, voy a empezar un club de lectura. Y te encontré una niñera para la noche de nuestra primera reunión. Limpia tus botas. No hay marcha atrás».

«Tío. Eres el ser humano más ardiente y siempre-de-buen-humor que conozco. Estoy dirigiendo un círculo de vida + carrera + alegría, y necesito que estés ahí para que nos muestres cómo se hace. Dí que SÍ».

Facebook

Anuncia tu intención de iniciar un grupo a tus amigos y fans en Facebook. Conecta con otros en el grupo de Facebook de mapa del deseo. Una vez que encuentres a tu gente, puedes ramificar y quedar en línea o personalmente. Es posible que quieras iniciar tu propio grupo privado en Facebook e invitar a tus amigos a que se unan. Aviva las llamas con invitaciones diarias en tu muro.

Twitter

Ve a Twitter para *tweetear* tu deseo de juerga de mesa redonda, y utiliza el hashtag #DesireMap para ver y ser visto por otros cartógrafos del deseo. Tu gente te encontrará.

Meetup

Crea un evento inspirado en el deseo en MeetUp.com. Hay más de ocho millones de usuarios en este nexo social, con foros, sitios de membresía y comunidades e-curso.

Busca grupos de Mapas del Deseo para unirte

Están surgiendo por todo el mundo grupos de Mapas del Deseo. Visita DanielleLaPorte.com/bookclub para crear o encontrar un grupo que te vaya bien.

Si puedes contribuir algo acerca de cómo estás llevando el grupo, por favor envía un e-mail a support@daniellelaporte.com e infórmanos. ¡Queremos tus historias! ¡Tus imágenes! ¡Tus preguntas! ¡Tus ideas!

UNA COSA MÁS

¡Este sería el lugar ideal para que un escritor de autoayuda te diga que VAYAS A POR ELLO! O que te sugiera tal vez un sistema de tortura subliminal/recompensa para que te mantengas en el buen camino. *¡Comprar un par de zapatos cuando sientas tus sentimientos esenciales deseados durante tres días seguidos! Si vas al gimnasio todos los días de esta semana, tienes que darle a tu hermano cien euros —eso hará que muevas el culo. ¡Ganar en el juego de la vida!*

Pero no soy ese tipo. Soy ambiciosa, pero una blandengue. Y soy práctica. Algunos de nosotros realmente queremos estar verdaderamente vivo. Y otros estamos más interesados en el simple hecho de atravesar la vida para que poder morir después. Hay que avanzar hacia ella —la Vida, obviamente—. Verdad, luz, amor. Y ningún sistema, ni siquiera *El Mapa del deseo* va a garantizar que vayas a elegir la Vida.

Eres el garante de tu felicidad.

Quiero que esto te funcione —y por «funcionar» quiero decir que quiero que seas alegre, que conozcas tu naturaleza luminosa verdadera, para dejar las cosas mejor que como las habías encontrado. Quiero que estés perdidamente enamorado de estar vivo. Y voy a admitir que también me encantaría que fueses realmente productivo en el planeta. Pero eso es solo mi viaje.

Sé lo que quieras. Todo lo que eres.

Sé lo que te sienta bien.

eres más que tu nombre

que tu marco

que tu ADN

más lleno de todo lo que tienes

¡dando a luz

a

grandes, grandes deseos!

eres aún más grande

imagina que

(imagina cualquier cosa)

y eres más

te has ido, ido, ido más allá

del más allá de

lo que empezó Todo Esto

pido que

desees templos de la paz

y tsunamis benevolentes de amor

y que te des cuenta de tu tamaño en relación con esta declaración

universal:

deseo...

que seas el qué

y el y

el núcleo

y el deseo

cada vez

más amplio…

GRACIAS

Una mujer me abordó amablemente cuando salí del escenario de una charla en una conferencia. «¡Esas cosas del deseo de las que hablaste son jodidamente increíbles!» A esa mujer, quienquiera que seas, *Gracias*. Me diste una idea.

Harper. Eres lo mejor que decidí hacer.

Angie Wheeler es el ángel guardián de mi negocio. No exagero cuando digo lo capaz que es, como una auténtica socia de producción, qué hermosa es como ser humano. En el sentido más práctico, Angie hace que mis sueños se hagan realidad. Su inteligencia y su corazón se tejen en cada pulgada de esto.

Durante todo el proceso de creación de este programa casi tuve sesiones de Alma semanales con **Hiro Boga,** que me ayudó a acceder tanto a mi verdad como a mi resistencia. Su devoción y habilidad como alquimista de energía han sido uno de los regalos más grandes de este viaje.

Ann Moller es la editora original de este programa. Cuando ella me dio las ediciones del primer borrador, se me llenaron los ojos de lágrimas de alivio. *¡La encontré!,* pensé. Ann hizo por esto lo que los grandes editores hacen por cualquier libro: lo hizo inmensamente mejor.

Alex Miles Younger levantó la mano para conseguir un gran diseño del libro.

Con tremenda integridad, visión y agilidad, mi nueva familia en Sounds True —con un gran reverencia extraprofunda para **Nancy Smith, Tami Simon** y **Haven Iverson**— ha sido una bendición absoluta.

Si yo hubiese hablado con **Candis Hoey** todas las semanas, sería una señora loca. Hace que me sienta real. **Navjit Kandola** me envía luz, que va directa a mi corazón. **Lianne Raymond** me hizo saber que «todas mis otras cosas eran buenas, pero que esta era la que realmente estaba esperando». **Gabrielle Bernstein, Terri Cole, Michael Ellsberg, Chela Davison, Eric Handler, Jonathan Fields, Alexandra Franzen, Tanya Geisler, Chris Guillebeau Scott Johnson, Kate Northrup, Nisha Moodley, Linda Sivertsen, Donna** y **Brad VanEvery,** y **Danielle Vieth** son todos animadores de primer orden.

Kris Carr y **Marie Forleo** me hacen pensar que debo haber hecho algo bueno en una vida pasada para ser honrado en esta ocasión con su poderoso amor y apoyo.

Este programa ha sido un viaje con una serie de destinos, y cada parada y giro a lo largo del camino trajo una nueva visión y perspectivas profesional —y estímulos— notablemente de **Brettne Bloom, Mary Choteborsky**, y **Tina Constable** en Random House/Crown, **Lisa Dimona**, y **Don Franzen**.

Hubo un equipo de apoyo que me ayudó a cruzar la línea de llegada: **Reema Al-Zaben, Erin Blaskie, Jenn Rose Orajay, Annika Martins**, y **Hannah Brencher**.

Decenas de personas en los últimos años han soportado mis hojas de trabajo y preguntas abstractas a tontas y a locas. Espero que todos mis adoptadores anticipados estén orgullosos de mí.

Y TÚ. Tal vez eres uno de los cientos de personas que respondieron a mis preguntas en Facebook o Twitter. Me dijiste lo que pensabas de establecer metas. Compartiste públicamente tus sentimientos más queridos (increíbles). Me enviaste mensajes que decían «¡esto realmente funciona!», y conseguiste que tu pareja, amigos, y compañeros de trabajo hicieran mapas del deseo. Me dejaste alucinada. Me ayudaste a hacer esto lo que es.

Y ahora estás aquí. *Muchísimas gracias por venir.*